관상 기도를 통해 하느님께 나아가는 길

침묵의 대화

Thomas Keating
INVITATION TO LOVE
(The Way of Christian Contemplation)
ⓒ The Continuum Publishing Group

관상 기도를 통해 하느님께 나아가는 길
침묵의 대화

1999년 1월 27일 교회 인가
1999년 4월 20일 초판 1쇄 펴냄
2021년 5월 2일 개정 초판 1쇄 펴냄
2025년 3월 19일 개정 초판 4쇄 펴냄

지은이 · 토마스 키팅
옮긴이 · 엄무광
펴낸이 · 정순택
펴낸곳 · 가톨릭출판사
편집 겸 인쇄인 · 김대영
편집 · 박다솜, 강서윤, 김지영, 김지현
디자인 · 이경숙, 강해인, 정호진
마케팅 · 임찬양, 안효진, 황희진, 노가영

본사 · 서울특별시 중구 중림로 27
등록 · 1958. 1. 16. 제2-314호
전자우편 · edit@catholicbook.kr
전화 · 1544-1886(대표 번호)
지로번호 · 3000997

ISBN 978-89-321-1771-3 03230

값 14,000원

성경 ⓒ 한국천주교중앙협의회, 2021.

이 책의 한국어 출판권은 (재)천주교서울대교구 가톨릭출판사에 있습니다.
저작권법에 의해 한국 내에서 보호를 받는 저작물이므로 무단 전재와 무단 복제를 금합니다.

가톨릭의 모든 도서와 성물, 디지털 콘텐츠를 '**가톨릭북플러스**'에서 만날 수 있습니다.
https://www.catholicbookplus.kr | (02)6365-1888(구입 문의)

관상 기도를 통해
하느님께 나아가는 길

침묵의 대화

토마스 키팅 지음 | 엄무광 옮김

가톨릭출판사

머리말

이 책은 그리스도인의 영적 여정을 끊임없이 표현한 결과로, 오늘날 그리스도를 따르는 사람들이 쉽게 실행할 수 있는 방법을 담고자 했다. 16세기까지는 성직자와 평신도 모두 관상 기도를 그리스도교 영성의 목표로 간주했다. 그러나 종교 개혁 이후에 이 유산은 사실상 사라졌다. 이 유산이 재발견된 것은 20세기에 와서의 일이다.

1970년 초, 매사추세츠주 스펜서에 있는 성 요셉 수도원의 트라피스트 수도자들은 이러한 재발견에 어떻게 공헌할 수 있을지 궁리했다. 그리고 1975년, 윌리엄 메닝거 신부가 14세기 고전인 《무지의 구름》에 바탕을 두고 향심 기도라고 불리는 관상 기도 수련 방법을 개발했다. 이 방법을 스펜서에서 열린 피정에 참석한 사제들에게 알려 주니, 반응이 매우 긍정적이었다. 그리하여 이 기도를 소개하는 워크숍이 만들어졌고, 이를 정기적으로 많은 사람에게 알릴 수 있게 되었다.

  나는 1981년에 성 요셉 수도원장직을 사임하고, 콜로라도주 스노매스에 있는 성 베네딕도 수도원으로 옮겨 왔다. 이곳에서는 향심 기도에 관해 좀 더 집중할 수 있는 시간을 마련할 수 있었다. 그리고 1983년 첫 번째 향심 기도 집중 피정을 뉴멕시코주의 산크리스토발에 있는 라마 재단에서 가졌다. 그 이후에 집중 피정들이 성 베네딕도 수도원과 여러 장소에서 열렸다.

  그러자 많은 지역에서 매주 활동하는 지원 기도 모임의 수가 늘어났고, 조직이 필요해졌다. 좀 더 깊은 기도 생활을 원하는 사람들에게 향심 기도를 소개하면서 그들이 몸과 마음을 계속 훈련할 수 있는 기회를 마련하고 그들에게 필요한 바를 지원해 주기 위해서 1984년에 관상 지원단을 설립했다. 그들은 지속적으로 기도 수련을 하면서 그 수련을 이해하고, 그 수련을 일상생활에 연결하기 위하여 이 기도의 더 포괄적인 관념적 배경을 알고자 했다.

  그리스도교 전통 안에서 관상 기도는 '의식이 바뀐 상태'라든지 '자아실현'이라는 개념의 개인적 영적 경험으로 간주된 적이 없다. 그러나 향심 기도를 하다 보니 하느님의 현존을 만나 일깨워진 영적 목마름이 생기면서, 고전적 그리스도교의 영적 방법을 현대 과학, 특별히 현대 심리학의 성찰과 일치하는 방법으로 제시할 필요성이 점차 커졌다.

  오늘날, 십자가의 성 요한이 말하는 '어두운 밤에 일어나는 무의식의 치유'를 설명하는 데 심리학적 언어가 핵심적인 역할을 한다고 확신한다. 적어도 서방 세계에서는 영성 신학의 전통적 언어보다는 심리학적 언어가 더 이해하기 쉽다. 또한 심리학적 언어는 치유와 변형의 과정에서 은총이 작용하는 심리적 역사를 포괄적으로 이해하게 해 준다.

이 책은 향심 기도로 영적 여정을 시작한 사람들이 이 여정을 진지하게 지속하도록 도와주는 일종의 여행 지도와 같은 역할을 한다. 이 여정 중에 이정표를 보고 목적지를 알 수 있도록 알려 주기 위해 시도한 것이다. 이 목적지란 달성하려는 목표라기보다는 이 여정에 끝까지 투신하려는 굳은 의지를 말하는 것이다. 또한 이 책에는 여러 해 동안 향심 기도에 참여하며 경험을 나눈 사람들의 지속적인 성찰이 포함되어 있다.

이 책은 현대 심리학적 성찰과 고전적 그리스도교의 영적 지도자들 사이에서 이루어진 대화를 다루려고 했다. 이 일차적 목표는 매우 실용적이다. 즉 이 시대에 알맞은 관상 기도의 수련과 영적 여정의 개념적 배경을 제공하려는 것이다. 우리는 각자 인간적 성장을 하도록, 그리고 전 인류 공동체를 위하여 이 여정을 시작하도록 부르심을 받았다.

우리가 자신의 숨은 동기를 지각知覺하지 않는다는 점은 영적 성장에 장애를 가져온다. 어려서부터 가졌던 우리의 무의식적 동기와 이성기(이성으로 판단할 능력을 갖는 시기) 이전에 형성된 정서 프로그램, 특정 집단에 지나치게 동일시하는 것들이 거짓 자아를 형성하도록 하는 원천이다. 거짓 자아는 의식적으로든 무의식적으로든 우리 삶의 모든 측면으로 영향을 확대해 나간다.

특별히 관상 기도로 끌어가도록 준비시켜 주는 향심 기도는 이 '거짓 자아'를 마주 보도록 이끌어 준다. 자신의 표면적인 '나', 즉 정서 반응 프로그램, 연상, 비평 등을 떠나보내는 데 동의하고 나면, 숙명적으로 자신의 거짓 자아와 부딪치게 된다. 그리고 우리가 기도 속에서 쉬면, 자신의 정체성이 심리적 인식의 표면보다는 더 깊은 곳에 박혀 있음을 발견하게 된다.

정기적으로 관상 기도를 수련하면 '신성한 치료'[1]라고 부르는 치유 과정이 시작된다. 기도 중에 깊은 휴식으로 들어갈 때, 우리 몸을 저장 창고로 쓰는 무의식에 저장된 정서적 잡초들 주위의 기반이 풀어지기 시작한다. 정신이 평생 쌓인 소화 안 된 정서적 자료들을 비우기 시작하면서 자기 인식, 선택의 자유, 자신 안에 계신 하느님의 현존을 발견하는 등과 같은 새로운 장이 열린다. 그 결과 하느님에 대한 신뢰가 자라나고, 신성한 치유자와 연대를 맺으면서 이 과정을 견디어 나갈 힘을 얻는다.

그러므로 관상 기도의 은총은 그리스도교 금욕(우리 자신의 무의식적 동기와의 투쟁)의 핵심에 부딪치는 실제적이고 근본적인 도구가 된다. 동시에 하느님과 깊은 관계를 맺는 데 필요한 성덕과 그렇게 할 수 있는 환경을 이룩하게 해 준다. 그래서 우리가 끈기 있게 노력하면 결국 하느님과 일치하는 길로 이끌려 갈 수 있다. 그러는 사이에 기도 기간에 처음 경험했

---

[1] 영적 여정을 어린 시절의 정서적 상처와 이것을 극복하려고 발전시킨 심리 기제들을 치료하는 형태로 비유한 모델.

던 것들(사고와 감정과 논리 등)을 떠나보내는 과정을 되풀이하면서 이것이 '동의하는 수련'의 기초가 되고 모든 삶으로 파급되어, 우리는 점점 더 복음의 가치를 따라 살아갈 수 있게 된다.

 이 책은 향심 기도 집중 피정의 기본적인 측면을 다루는 3부작 중의 제2부이다. 《마음을 열고 가슴을 열고》가 관상의 은총을 준비시키는 기도로서 향심 기도의 수련을 다룬다면, 《침묵의 대화》는 그리스도인의 관상 여정을 이해하는 데 필요한 관념적 배경을 다룬다. 《그리스도의 신비》는 이 수련과 이론을 융합하여 전례력과 그리스도의 신비에 몰입하도록 시도한다. 나는 이 책들이 우리 시대에 그리스도를 따르라는 성령의 초대에 응답할 수 있는 포괄적인 프로그램이 되기를 바라며 저술했다.

차례

머리말 005

1장 ○ **하느님께 나아가기 위해 자신을 돌아보기**
　행복을 찾기 위한 방향을 바꿔야 한다면?　015
　약점에서 하느님 사랑을 체험하다　029
　내적으로 자유를 누릴 권리　038
　인간 의식의 변화　049
　복음에 비추어 가치 평가하기　058
　세상을 바라보는 태도를 바꿀 기회　071
　하느님의 선물, 탄생에서 죽음까지　078

2장 ○ **하느님과 일치하기 위한 영적 가르침**
　하느님의 현존을 떠올리게 하는 이　089
　영적 여정의 본보기, 안토니오 성인　102
　감각의 밤, 신앙생활에 건조함을 느낄 때　116
　감각의 밤에서 평화의 길로　123

하느님은 우리 삶에서 어떻게 활동하시는가   132
절대로 포기하지 않는다   145
고독과 침묵에 이끌리는 것   155
영의 밤, 신성한 일치의 시작   162
진정한 그리스도인의 삶을 향하여   172
행복 선언과 예수님의 초대   177
참행복을 경험한 사람들   184

3장 ○ **일상에서 하느님과 관계 맺기**
순수한 믿음의 길   193
순명만으로는 하느님의 뜻을 분별할 수 없다   206
세상을 바꾸는 사랑의 실천   218
일상에서 살아 내는 종교적 삶   222

맺음말   236
용어 해설   238

1

하느님께 나아가기 위해
자신을 돌아보기

행복을 찾기 위한
방향을 바꿔야 한다면?

관상 기도는 인간 조건을 있는 그대로 들여다보게 한다. 이 기도에는 인간이 살면서 받은 정서적 상처를 치유하는 힘이 있다. 그리고 우리가 이 세상에 있는 동안 그리스도로 변형하는 체험을 할 수 있는 가능성을 열어 준다. 이를 바로 복음이 우리를 초대한다고 말한다.

하느님은 이 세상의 삶에서 우리가 받아 모실 수 있는 당신의 거룩한 삶을 최대한으로 나누고 싶어 하신다. 복음에서 "나를 따라오너라."(마르 1,17) 하신 말씀은 세례받은 모든 이에게 하신 것이다. 우리는 세례를 받음으로써 그리스도를 따라 하느님의 품 안에 이르기 위해 필요한 모든 은총의 힘을 받는다. 이러한 시도, 즉 우리 안에 계신 그리스도의 사랑으로 더욱 깊이 들어가 그분을 만나고 그 사랑을 이 세상에 나타내 보이는 것이 영적 여정의 핵심을 이룬다.

이 여정은 그리스도교 전통에서 위로 올라가는 것으로 표현해 왔다. 사다리의 이미지와 위로 올라가는 여정으로 묘사한 것을 많이 볼 수 있다. 그렇지만 오늘날과 같이 발달 심리학과 무의식이 광범위하게 이해되는 시대에는, 우리가 따르는 영적 여정을 아래로 내려가는 여정이라고 하는 것이 더욱 적절하다.

영적 여정을 처음 시작할 때의 방향은 우리의 행동 동기와 무의식적인 정서 프로그램, 그리고 그 반응을 만나러 가는 것이 중요하다. 우리의 영적 여정은 아주 깨끗한 과거를 가지고 시작하는 것이 아니다. 우리는 이미 가치관과 선입견이 구축되어 있다. 그렇기 때문에 이것들과 부딪쳐서 재구성하지 않는다면, 언젠가는 이것들이 우리의 여정을 침수시켜 가라앉게 하거나, 우리를 바리사이로 만들어서 종교적이고 영적인 사람들이 갖는 직업적인 위험을 안게 만들 것이다.

인간의 생애에 발달 과정이 있다는 것은 지난 100년 동안 아주 잘 알려져 왔다. 이 사실은 영적 여정에 정말 중대한 의미를 갖는다. 비유하자면 이렇다. 우리의 개인적인 역사는 뇌나 신경 세포의 생물적 컴퓨터에 수록되어 있다. 우리의 기억 저장소에는 태중에 있을 때부터 지금까지, 특히 강한 정서적인 성격을 띠는 것들이 모두 저장되어 있다. 우리 생애의 초년기에는 자아에 대한 의식이 없지만, 인간의 기본 욕구와 그것에 대한 반응들은 우리 뇌의 생물적 컴퓨터에 모두 저장되어 있다. 이 컴퓨터는 이미 행복을 추구하는 프로그램을 발전시키고 있으며, 이 단계에서 행복이란 우리의 본능적 욕구를 즉시 충족한다는 것을 의미한다.

우리가 이성을 사용하기 시작하여 사색적 자아의식이 완전히 발달하는 12, 13세경에는 아동기 또는 그 전 유아기 때의 판단에 기초를 둔 '행복을 위한 정서 프로그램'[2]이 완전히 자리 잡게 된다.

이 세상에 태어나는 모든 포유동물 중에서 유아만큼 무기력한 동물은 없다. 다른 동물은 모든 종류의 유용한 본능을 지니고 있지만, 유아만은 부모에게 전적으로 의존한다. 유아가 할 수 있는 최선의 일은 자기 욕구를 알리기 위해 큰 소리로 우는 것밖에는 없다. 유아는 태중에 있을 때, 그 환경이 매우 훌륭해 모든 욕구가 충족되고 완전한 안전을 느꼈다. 그러나 새로운 환경은 그 태중의 훌륭한 환경과 비교가 되지 않는다. 그렇기 때문에 생애 첫해에 가장 중요한 본능적 욕구는 생존과 안전감이다.

아기의 첫 번째 욕구는 엄마와 유대를 갖는 것이다. 아기의 전 세계는 엄마의 얼굴, 웃음, 심장 고동이며 이것들은 안전했던 태중의 환경을 되살려 준다. 아기의 전 관심은 즉각적인 욕구 충족이며 먹는 것과 더불어 가장 큰 욕구는 애정이다. 아기는 쓰다듬어 주고 안아 주고 입을 맞춰 줘야 한다. 젖을 먹이고, 기저귀를 갈아 주기 위해 들어 올리는 등의 행동은 엄마와의 유대를 강화시켜 준다. 이 유대를 맺어 주는 힘은 사랑이다. 아기가 안전하게 느끼기 위해서는 많은 애정이 필요하다. 이 안전감으로 인해 아기의 정서 생활은 건강한 길로 접어들 수 있게 된다.

---

2   생존과 안전, 애정과 존중, 권력과 통제의 본능적 욕구를 동기의 중심으로 성장시키는 작용.

아기가 자기를 환영하지 않는 환경으로 들어가게 되거나, 그의 출생을 주저하는 분위기를 경험한다고 상상해 보라. 그러면 그 아기는 삶이 주는 모험을 받아들이는 데 정서적으로 주저하게 될 것이다. 그것은 그 아기의 가장 중요한 욕구인 안전에 대한 생물적인 요구가 충족되지 않았기 때문이다.

아기는 2년째에 접어들면서 다양한 정서가 발전되어 즐거움과 애정, 자기 존중에 대한 욕구들도 경험하게 된다. 물론 이러한 욕구가 그전에도 나타나지만, 이제 아기는 자신을 주위 환경과 구별하고, 바닥에 기어다니는 다른 동물과 자신이 다른 몸체를 가지고 있음을 구별한다. 이때 아기는 부모나 다른 식구들이 더욱 따뜻한 사랑으로 감싸 주기를 원한다. 이와 같이 신체 자아가 발달함에 따라 힘과 통제에 대한 본능적 욕구들이 나타나면서 자기 방식대로 행동하려 하기 시작한다.

생물적인 생존에 필요한 이러한 욕구 중의 어느 하나가 다른 형제들과의 경쟁이나 위험한 환경에 부딪쳐서 충족되지 않음을 아기가 지각하였다고 상상해 보자. 이 시대의 큰 비극이 일어나고 있는 곳, 즉 전쟁이 발발했거나 전염병과 궁핍과 기아가 있는 곳, 매일 부모를 잃는 위험을 안고 있으며 난폭한 일들이 생기는 곳의 아기를 상상해 보자. 이러한 상황에서 아기들이 인생의 선함과 아름다움을 정서적으로 동의하기란 어려울 것이다.

장애가 있어 또래와 놀이를 같이 할 수 없는 아이를 생각해 보자. 어떤 아이는 형제간의 경쟁을 할 때, 자기는 원치 않는 아이라는 애매한 느낌을 가질 때 열등감을 가질지도 모른다. 그러한 부정적인 영향이 있으면 그 아이의 연약한 정서적 삶은 이러한 본능적 욕구의 좌절을 극복하기 위해 보상적 욕구를 발전시키거나, 아니면 고통스러운 기억들을 무의식 속으로 눌러 넣어 버린다.

우리는 어릴 적의 이러한 사건들을 기억하지 못할 수 있지만, 우리의 정서는 기억한다. 이전에 위험하다고 느꼈거나 거부당했다고 느꼈던 것과 비슷한 상황에 부딪치면, 그전에 가졌던 정서와 비슷한 정서가 표면에 나타난다. 그렇지만 우리는 이러한 정서가 어디에서 일어나는지는 잘 인식하지 못한다.

아이들에게 많이 신경 쓰고 아이들을 잘 다룰 줄 아는 부모에게서 자랐다 할지라도, 아이가 속한 문화와 또래 집단이 아이에게 주는 영향들도 살펴봐야 한다. 비록 심각한 상처를 경험하지 않았더라도 우리는 모두 어릴 적에 정서적 연약함을 체험했다. 그리고 그 결과로 받은 상처 중 어떤 것들은 나이가 들어도 남아 있다. 어떤 사람은 부모의 몰이해나 실수, 혹은 부모의 부재로 아주 큰 상처를 갖게 된다.

만일 아이가 유아기 때, 특히 첫해나 두 번째 해에 극심한 애정 결핍을 가지면 아이는 그 원인을 분별할 방법을 전혀 알지 못한다. 다만 그에 따른 어떤 감정만 갖게 된다. 그가 아는 것은 사랑받지 못했다는 것뿐이다. 이러한 결핍은 마음 깊은 곳에 두려움이나 적대감을 갖게 만들 수 있다.

만일 안전감이 결핍된 것을 느꼈을 경우에는 우리가 자라난 그 문화에 특징적으로 존재하는 안전의 상징이 아주 커다란 매력을 갖는다. 우리의 이성이 활동하기 시작하는 시기 훨씬 이전에 행복을 위한 프로그램이 작용하기 때문에 그 프로그램에는 한계가 없다. 우리의 안전에 대한 욕구가 어떤 사건 때문에 좌절되었을 때, 우리가 원하는 안전의 상징을 얻지 못하면 비탄, 분노, 질투 등의 괴로운 정서를 경험하게 된다.

감당하기 어려운 상황을 다루기 위해 유아기에 발전시킨 가치관을 이 정서는 그대로 충실히 반영한다. 행복을 위한 정서 프로그램은 처음에 '욕구'의 모양으로 시작하여 '요구'의 형태로 나아가고 마침내 마땅히 해야 하는 '당위'의 것으로 발전한다. 그러면서 사람들은 자신의 이 환상적인 요구를 존중해야 하는 것으로 기대한다. 사람들이 지적으로, 신체적으로, 그리고 영적으로는 성장할지라도 그들의 정서적 생활은 유아기 수준에 머물러 있게 되는데, 이는 그들이 발전하는 자아의 다른 가치관에 자신의 정서를 잘 조화시킬 수 없었기 때문이다.

권력과 통제의 정서적 욕구가 행동 동기의 중심이 되어 버린 사람들은 모든 상황과 모든 사람을 통제하려 한다. 아마 이러한 사람을 가정에서, 직장에서 혹은 신앙 공동체 안에서 만났을 수도 있다. 어쩌면 자신이 그러한 사람일지도 모른다. 이러한 사람들은 어떠한 경우에도 불행한 인간이 되도록 예정된 사람이라고 할 수 있다. 상황이나 사람들을 통제하려 하는 사람은 전 세계 인류와 경쟁해야 한다. 이는 불가능하다. 통계 자료가 이를 증명한다.

우리는 4세에서 8세까지 사회화 과정 중에 부모, 선생, 또래 집단의 가치관을 이의 없이 받아들인다. 우리는 우리가 속한 특정 집단의 사람들이 우리에 대해 생각하는 것에 따라 집단 동일시나 자아 가치관을 형성한다. 그러므로 우리는 그들의 기대에 부응해야 한다. 이미 3, 4세에 형성된 행복을 위한 프로그램은 이제 더욱 복잡해진다. 우리가 이성과 온전한 사색적 자아의식의 연령에 이르면 우리의 성장 과정 중에서 가장 중요한 시점에 도달한 것이다. 인간의 마음은 무한한 행복, 즉 무한한 진리와 무한한 사랑을 갖도록 만들어졌으며 그에 미치지 못하는 것은 우리를 만족시키지 못한다. 그렇기 때문에 우리는 행복에 대한 절망적이고도 채워지지 않는 배고픔을 억제해야 한다. 우리는 행복을 약속하는 듯 보이는 여러 가지 길을 가 보지만, 그것들은 부분적으로만 좋아서 결코 온전한 행복을 줄 수 없다. 어렸을 때 만들어진 행복을 위한 프로그램이 계속 작용하고 있기 때문에 성인으로서 행복을 추구하려는 것도, 결코 이룰 수 없는 어린애 같은 기대를 가지고 계획되는 경향이 있다.

1억 달러(약 1,000억 원)의 재산을 가진 사람이 있다고 치자. 그는 뉴욕 월가에서 성공했지만 1억 달러에 만족할 수 없었다. 그는 하루에 백만 달러를 벌어도 만족하지 못했다. 그는 이미 1억 달러를 가지고 있으면서도 더 많은 돈을 벌고 싶어 했기 때문에 마침내 사기를 저지르게 되었다. 하지만 그의 욕구는 결코 만족되지 않았다. 이러한 정서적 프로그램의 속성은 인생에서 더 많은 것을 얻어 내고 더 큰 즐거움을 얻어 내며, 가능한 더 많은 사람에게 힘을 행사하여, 할 수만 있다면 심지어 하느님까지도 통제하려고 한다. 이러한 정서적 프로그램이 내면에서 언제나 완전하게 작용하고 있으며, 평소 그들의 판단과 중요한 결정에 영향을 미치고 있다는 사실을 많은 사람이 인식하지 못하고 있다.

어린 시절에 거부당했다고 느꼈거나 진정한 가족생활을 경험하지 못한 사람들이 있다. 그들은 가져 보지 못한 가족생활을 무의식 속에서 찾으면서 수도 공동체에 매력을 느낄지도 모른다. 또는 애정 결핍을 느꼈던 아이가 후에 자신의 의존 욕구를 만족시켜 주리라고 생각되는 배우자를 선택할 수도 있다. 만일 그들이 아내 대신 어머니를, 남편 대신 아버지를 선택한다면 그들의 결혼은 아마 심각한 문제로 발전할 것이다. 이러한 상황은 만일 그들이 무엇이 문제인가를 알아내고 또 그 문제를 다루려는 행동을 취한다면 해결이 불가능한 것은 아니다. 그렇지만 지나치게 서로 의존하여, 당분간 헤어져 보지 않고는 결코 자신의 과잉 의존성에서 벗어나지 못하리라고 느끼는 부부가 있다. 의존성이 너무 뿌리가 깊어서 그들이 한집에 산다는 자체만으로도 그 의존성을 더욱 강화시키는 것이다.

이제 우리는 인간 조건 문제의 핵심에 도달했다. 예수님은 복음을 선포하시며 이 문제를 단도직입적으로 말씀하셨다. 그분이 공생활을 시작했을 때 제일 먼저 쓰신 단어가 무엇이었던가? 그것은 "회개하여라."(마태 4,17)다. 이 회개는 단식, 밤샘 기도, 채찍질 또는 우리에게 진정한 것으로 보이는 어떠한 보속 행위같이 고통을 받아들이는 것과는 다르다. '행복을 찾고자 하는 방향을 바꾸라는 것'이다. 이는 바로 문제의 뿌리에 도전하는 것이다. 어느 정서적 프로그램의 하나나 둘을 붕대로 감싸서 보이지 않게 하는 것이 아니다.

우리가 회개하라는 부르심에 응답하고 나면 몇 달 혹은 1, 2년 동안 커다란 자유를 경험할지도 모른다. 우리의 이전 생활 방식은 어느 정도 정화되고 어떤 관계는 치유도 된다. 그런데 1, 2년 후에 회개로 떠올랐던 먼지가 가라앉고 나면 낡은 유혹이 다시 솟는다. 우리 여정이 봄에서 여름으로 다시 가을로 그리고 겨울로 접어들면 처음 열정은 희미해진다. 어떤 시점에서 우리는 근본적인 문제에 부딪쳐야 한다. 이 문제는 우리가 복음의 가치를 따라 살기로 선택했다 하더라도 우리의 무의식적인 동기가 아직 자리하고 있음을 말한다.

이때 거짓 자아[3]를 경험할 수 있다. 거짓 자아란 행복을 위한 정서 프로그램이 행동 동기의 원천으로 자라나 사회화 과정에서 더욱 복잡해졌고, 사회의 문화적 조건에 과하게 동일시함으로써 강화되어 버린 바로 그 프로그램의 증세다. 거짓 자아는 우리의 모든 수준의 행동에서 일상적 사고와 반응, 감정으로 나타난다. 우리가 회개하여 모든 덕을 수련하려고 한다는 것을 거짓 자아가 알아차리면, 그 거짓 자아는 크게 웃으면서 이렇게 말할 것이다. "어디 한번 해 보라고!"

우리는 하기 원하는 것을 하려고 애쓰고, 우리가 해야 할 일을 하려고 애쓰면서, 그것을 도무지 할 수 없다는 우리의 무기력함으로 인해 생기는 전면적인 영적 투쟁을 경험한다. 바오로 사도가 한탄했던 것을 회상

---

[3] 하느님의 모습이 아닌 자신의 모습으로 발전된 자아로서 어린 시기의 정서적 충격을 극복하기 위하여 발전시킨 자아상.

해 보자.

─── "나는 내가 하는 것을 이해하지 못합니다. 나는 내가 바라는 것을 하지 않고 오히려 내가 싫어하는 것을 합니다. 그런데 내가 바라지 않는 것을 한다면, 이는 율법이 좋다는 사실을 내가 인정하는 것입니다. 그렇다면 이제 그런 일을 하는 것은 더 이상 내가 아니라, 내 안에 자리 잡고 있는 죄입니다. 사실 내 안에, 곧 내 육 안에 선이 자리 잡고 있지 않음을 나는 압니다. 나에게 원의가 있기는 하지만 그 좋은 것을 하지는 못합니다. 선을 바라면서도 하지 못하고, 악을 바라지 않으면서도 그것을 하고 맙니다. 그래서 내가 바라지 않는 것을 하면, 그 일을 하는 것은 더 이상 내가 아니라 내 안에 자리 잡은 죄입니다. 여기에서 나는 법칙을 발견합니다. 내가 좋은 것을 하기를 바라는데도 악이 바로 내 곁에 있다는 것입니다. 나의 내적 인간은 하느님의 법을 두고 기뻐합니다. 그러나 내 지체 안에는 다른 법이 있어 내 이성의 법과 대결하고 있음을 나는 봅니다. 그 다른 법이 나를 내 지체 안에 있는 죄의 법에 사로잡히게 합니다. 나는 과연 비참한 인간입니다. 누가 이 죽음에 빠진 몸에서 나를 구해 줄 수 있습니까?"(로마 7,15-24)

이렇게 성찰하는 것이 진정한 영적 여정의 시작이다. 마음이 무겁긴 하지만 이러한 여정은 긴 여정임을 인식해야 한다. 우리는 강력하고도 완전하게 발휘하고 있는 어떤 미묘한 힘을 자신이 다루고 있다는 사실을 감지한다. 복음의 가치를 따라 살기 위해 이 가치 체계를 무너뜨리는 일은 몇 번 고상한 영적 경험을 해서 되는 일이 아니다. 우리가 거짓 자아를 무너뜨리고 덕을 수련하기 위하여 애쓰지 않으면, 이러한 경험들은 단지 흥분을 가라앉히는 진정제로만 남아 버린다. 영적으로 원기 왕성한 상태는 일시적인 위로를 줄 뿐이며, 이것이 사라지면 우리는 같은 문제를 안고 있던 곳으로 되돌아가게 된다.

예수님은 요르단강에서 세례를 받은 직후에 성령의 인도로 광야에 가시어 악마에게 유혹을 받으셨다. 사순 시기는 그와 같은 유혹과 싸우는 기간이다. 성경에서 광야란 우리가 거짓 자아를 만나고 내적 정화를 이루는 것을 상징한다. 예수님은 각각의 본능적 욕구에 대하여 유혹을 받으셨다.

―― "우리에게는 우리의 연약함을 동정하지 못하는 대사제가 아니라, 모든 면에서 우리와 똑같이 유혹을 받으신, 그러나 죄는 짓지 않으신 대사제가 계십니다."(히브 4,15)

예수님이 몹시 배고프셨을 때 악마는 간교하게 "이 돌들로 빵을 만들지 않겠소?" 하고 유혹하였다. 예수님은 "나는 하늘에 계신 아버지 하느님만 믿는다."라고 대답하셨다.

그다음에 악마는 예수님을 성전 꼭대기로 데리고 가서 천사들이 와서 보호할 테니, 뛰어내려 보라고 말하였다. 예수님은 이 제안을 일축하셨다. 마침내 악마가 예수님을 산꼭대기에 데리고 가서 세상 모든 나라를 보여 주며 "당신이 나에게 엎드려 경배하면 이 모든 것을 주겠소!" 하자 예수님은 "지옥으로 꺼져라!" 하고 답하셨다. 이처럼 예수님은 행복을 위한 각 정서 프로그램의 과장된 모습의 요구들을 거절하시고는 우리도 그렇게 하도록 초대하신다. 마치 이렇게 말씀하시는 것과 같다. "행복을 찾으려는 그 방향을 바꾸어라. 그 행복은 너의 정서 프로그램 속에서는 찾을 수 없다. 너의 아이 같은 동기들을 떠나보내라. 그것들은 어른에게 맞지 않는다."

예수님의 날카로운 말씀은 거짓 자아에게도 강한 빛을 던지신다. 예를 들면 "만일 네 눈이 죄짓게 하거든 그 눈을 빼 버려라." 혹은 "네 손이나 발이 죄짓게 하거든 그것들을 잘라 버려라." 물론 이 말씀을 글자 그대로 이해할 것은 아니다. 히브리어에서는 중요한 점을 강조하기 위해 과장법을 쓰거나 같은 말을 반복한다. 이 경우에 강조하고자 하신 것은 행복을 위한 정서 프로그램에 집착하지 말라는 말씀이다. 그분의 말씀을 이렇게 다시 표현할 수 있다. "만일 생존과 안전, 애정과 존중 그리고 권력과 통제에 대한 욕구가 너의 눈이나 발, 혹은 손과 같이 중요하다면 그것을 잘라 버려라!" 하느님 왕국에 들어가기 위해서는 이 길만이 유일한 길이다.

그리스도교 금욕의 핵심은 무의식적 동기와의 투쟁이다. 만일 우리가 행복을 위한 정서 프로그램의 숨은 영향을 인정하면서 부딪치지 않으면, 거짓 자아는 짧은 시간 안에 새로운 상황에 적응할 것이며 그렇게 되면 아무것도 바뀌지 않는다. 우리가 봉사를 시작하면 새로운 환경에서 찾게 되는 안전, 성공, 권력의 상징들이 머지않아 우리 욕구의 새로운 대상이 될 것이다.

거짓 자아는 우리가 선택하는 새로운 삶의 방식 안으로 끈질기게 따라 들어온다. 어떤 젊은 남성의 이야기를 들어 보자. 그는 같이 술을 마시던 친구들을 먼저 곯아떨어지게 하는 것이 우세와 성공이라고 여기는 단체의 회원이었다. 그는 동네 술집에서 친구들이 만취하여 의자 밑으로 미끄러져 내려가는 것을 보며 무한한 만족감을 얻곤 하였다. 물론 이런 좋은 기분은 몇 분밖에 가지 않았다. 그래서 그는 똑같은 기분을 느끼려고 다른 술집들을 전전해야 했다. 이처럼 거짓 자아가 원하는 것을 가짐으로써 얻는 만족은 어떠한 것이라도 잠시뿐이다.

이 젊은이는 방송에서 설교를 듣고 그가 가진 악한 버릇에서 완전히 돌아섰다. 다시는 술을 먹지 않기로 했을 뿐만 아니라, 좋아했던 아이스크림조차도 먹지 않기로 했다. 그리고 엄격하기로 유명한 수도회를 찾아다니다가 트라피스트회를 찾아냈다. 거기서는 '음식을 거의 먹지 않는다.'라고 생각한 것이다. 그는 수도회에 입회 원서를 제출하였고, 입회 허락을 받았다. 그는 트라피스트 수도원의 엄격한 금욕 생활이 가장 강하다고 확신했다. 그래서 그 수도회에 들어간 후, 엄격한 침묵의 규칙과 고된 일들에 빠져들었다.

사순 시기가 오고 수도자들은 빵과 물만 먹으며 단식했다. 그런데 그는 나이 든 형제들이 식당에 오는 일이 점점 줄어드는 것을 보았다. 그들은 극심한 단식으로 허약해졌기 때문에 의료실에서 식사를 해야 했다.

어떤 사람들은 감기에 걸렸다. 성주간에 들어서면서 식당에 오는 사람은 이제 자신뿐이었다. 파스카 성야 저녁 기도 시간을 알리는 종이 울리자 그는 비틀거리며 식당에서 나갔다. 놀랍게도 그는 이전에 술집에서 느꼈던 것과 같은 자부심과 환희를 느꼈다. 이제는 친구들을 술에 곯아떨어지게 하는 대신에 다른 수도자들을 굶주림에 지쳐 떨어지게 한 것이다.

이 젊은 남자에게 달라진 것이 무엇일까. 그가 사는 곳, 머리 모양, 의복밖에는 달라진 것이 없다. 이것이 바로 복음에서 말하는 세상 것이다. 요한이 '세상을 떠나라.'라고 한 말은 절망적으로 구원을 호소하는 이 세상을 말하는 것이 아니다. 그가 말한 것은 안전과 즐거움과 존중과 권력에 대한 자아 중심적 프로그램과 합리화하고, 정당화하고, 나아가서 미화시키는 요구를 뜻하는 것이다. 이것들은 인간이 완전하게 인격자로 성장하는 것을 방해한다. 자신의 정서에 책임을 지는 사람들은 자신의 고통스러운 정서를 다른 이들에게 떠맡기지 않는다. 사실상 다른 사람들과 어떤 상황을 우리가 좋아하는 방향대로 통제하는 데 성공했다 하더라도, 달라진 것은 아무것도 없다. 문제의 뿌리가 다른 사람들에게 있지 않고 자신에게 있기 때문이다.

약점에서
하느님 사랑을 체험하다

어쩌면 앞에서 말한 젊은 남자가 나일 수도 있다. 수도원에 들어오기 전에 나는 매우 깊이 회개했고, 또 헌신적이었다. 그래서 오랜 시간 동안 바치는 기도에 커다란 매력을 느꼈고, 그리스도를 따르기 위해서는 어떠한 희생도 치를 마음을 먹었다. 비록 나는 기도 중에 가끔씩 위안을 받았지만, 수도 생활 초기에 나 자신의 만족스럽지 않은 인격의 부분을 직면했을 때 처음으로 내 안에서 활동하는 거짓 자아를 경험했다. 나는 트라피스트 수도 생활이 어렵다는 것을 알고는 있었다. 그렇지만 내가 어려울 것이라고 기대했던 것은 실상 그리 어렵지 않았다. 대신 내가 좀 쉬울 것이라고 기대했던 것이 더욱 어려웠다.

나는 내 전 생애를 그리스도와 일치시키고자 수도원 공동체에 들어왔다. 내가 알기로는 관상 기도가 영적 여정의 핵심이었다. 동시에 엄격한 수도 생활은 관상으로 가는 길에 불가피한 것이라고 생각했다. 그래서 나는 엄격한 수도회를 찾아 나선 것이었다. 그리고 나의 가족, 친구, 편안한 생활을 모두 그리스도를 따르기 위해서 버리기로 마음먹었다.

1940년대 중반에 트라피스트회에 새로 들어오는 사람은 수도원장이나 수련장과 말하는 것이 고작이었다. 그 두 사람은 수련생에게 절대적인 권위를 가지고 있었다. 그런데 이는 자발적인 인간관계를 발전시키는 데는 도움이 되지 않았다. 수도자들 사이에 허락된 의사소통은 몸짓으로 하는 것뿐이었으며 그나마도 생활에 꼭 필요한 것에 제한되었다. 엄격한 트라피스트 개혁은 프랑스 혁명이 발생하기 약 1세기 전에 시토 수도회에서 일어났는데, 트라피스트 수도자들은 더 침묵할수록, 그리고 더 뉘우칠수록 하느님께 가까이 갈 수 있으며 더 영적으로 진보한다고 믿었다. 소리 기도가 하루 일과의 중요한 부분을 차지했다. 우리는 매일 새벽 2시에 일어났고, 주일에는 그보다 한 시간 전에 일어났다. 저녁 7시에는 잠자리에 들었다. 힘든 노동을 했고, 음식으로 영양을 채우기는 어려웠다. 가을에 거두어들이는 채소는 싱싱하지 않았고, 3월에는 볼품없는 상태였다.

나는 완전히 규율의 노예가 되었다. 내가 살아남는 길은 무릎을 꿇고 하느님의 도움을 애걸하는 것뿐이었다. 나는 틈만 나면 성당으로 가곤 했다. 하루에 두 시간 정도였다. 관상 기도로 성장하는 것이 목표였기 때문에, 가급적 많은 시간을 성당에서 보내려고 했다. 수도자가 성당에서 개인 기도를 할 때에는 서거나 무릎을 꿇어야 했다. 앉는 것은 규칙에 어

굿났다. 나는 오랫동안 무릎을 꿇어 무릎에 굳은살이 생겼지만, 끈질기게 오래 기도하면 언젠가는 내가 관상가가 되는 이상을 달성하리라는 희망을 가지고 있었다.

내가 수도원에 들어온 지 1년쯤 되었을 때에 나와 비슷한 생각을 가진 듯한 사람이 이 공동체에 들어왔다. 나처럼 그도 자유 시간 동안 규칙적으로 성당에 왔는데, 그는 융통성이 있었기 때문에 원장에게 허락을 받고 오랜 시간 동안 '앉아서' 기도하였다. 그러나 나는 그러한 생각을 전혀 할 수 없었다. 모든 규칙을 지키는 데 있어서 안이한 태도를 갖는 걸 스스로 허락하지 않았기 때문이다.

여러 달 동안 새로 들어온 수도자는 나만큼이나 성당에서 오랜 시간을 보냈다. 나는 일을 끝내자마자, 빨리 씻고 무릎을 꿇고 기도하기 위해 부지런히 성당으로 갔다. 그러면 어느새 그도 거기 와 있었다. 점점 편치 않은 기분이 나의 마음에 들어오게 되고, 급기야는 기도하는 마음까지 불편하게 했다. 어떻게 그가 나보다 먼저 거기에 와 있는지 도무지 알 수 없었다. 내가 그를 힐끗 쳐다보면 그의 입술에는 행복한 미소가 감돌고 있었다. 나는 '내가 무릎 꿇고 애쓰는 동안에 언제나 앉아만 있는 그가 어떻게 주님의 특별한 호의를 즐기는 것처럼 보인단 말인가?' 하고 생각했다.

점차 나는 이러한 생각이 부러움에서 온다는 것을 알아차리기 시작했다. 거룩한 곳에서 거룩한 자세로 가장 거룩한 기도를 수련하려고 애쓰면서, 다른 사람의 영적인 성취를 부러워하고 있었던 것이다. 나는 윤리 신학을 충분히 공부했기 때문에 이것이 가장 나쁜 종류의 부러움임을 잘 알고 있었다. 나는 다시 이곳에 오기 전이 더 좋았고, 이제 이곳을 떠나야 겠다고 생각했다. 이러한 유혹이 여러 달 동안 찾아왔다. 그러나 그 유혹의 정도가 항상 같지는 않았다. 나는 또 기도하려고 애쓸 때마다 이런 부러움을 느끼곤 했기 때문에 기도마저도 모두 포기할까 하는 생각도 했다. 그렇지만 나는 다행히 이와 같이 중요한 문제를 놓고 내 자신의 판단에 지배받지 말아야 한다는 것을 알 만한 정도의 분별력을 가지고 있었다. 그래서 수도원장과 의논했더니, 무슨 일이 생겨도 꾸준히 기도하라고 조언해 주었다. 그분도 기도하는 분이었기 때문에 엄격한 침묵과 고독, 기도 생활에 들어갈 때에, 자신의 혼합된 동기들이 인식 속으로 선명하게 들어옴으로써 시작되는 정화의 과정을 잘 인식하고 있었다. 거기에는 은총도 있었지만 거짓 자아도 있었다.

종교적 회개의 열정적인 기간이 지나고 먼지들이 가라앉고 나면, 우리의 낡은 유혹들이 다시 한번 고개를 든다. 우리가 이전보다 더 솔직하고, 더 열려 있으며, 더 위험에 약해진 때이므로 그 유혹들은 그전보다 더욱 나빠질지도 모른다. 큰 싸움이란 하느님의 위로가 사라져 갈 때 용기를 잃지 않도록 하는 것이다. 이때 하느님은 그동안의 우리 생애에 당신이 얼마나 많은 것을 베푸셨는지 우리 스스로 알게 되기를 원하시는 듯하다. 그분은 우리가 이 정보를 질책이 아니라 은총으로 받아들이기를 기대하신다. 이는 마치 친구에게 비밀을 털어놓는 것과 같다. 그렇지만 우리는 "감사합니다."라고 말하는 대신 대부분 걷어차고 나가 버린다.

내가 매일 앉아서 부러움의 감정들을 떠나가게 해 달라고 기도하는 동안 상황은 더 악화되었다. 때때로 내가 다른 어려움을 겪은 날에는 이런 감정들이 심지어 맛으로 바뀌었다. 나는 실제로 부러움을 입에서 맛보았고 이렇게 생각했다. '마치 질척한 기름을 맛보는 것과 같구나! 그리고 그 기름은 바로 나다.'

3, 4년 동안 이러한 감정들과 씨름하고 난 후, 나는 그 동료 수도자와 이야기할 수 있는 기회가 생겼다. 나는 그 또한 나처럼 자유 시간에 열심히 기도하면서 때로는 위안을 받고, 때로는 심한 고난의 시간을 경험했음을 알게 되었다. 우리는 서로를 동정했다. 그러자 나의 부러움도 사라졌다. 그리고 얼마 후, 우리는 좋은 친구가 되었다.

영적 여정 동안에는 보통 가족 중에나 사업상으로 혹은 공동체 안에 우리가 도저히 참을 수 없는 사람이 있다. 그 사람은 나에게서 가장 나쁜 것을 끄집어낼 수 있는 사람이다. 아무리 노력해도 그 관계는 개선될 기미가 없다. 이것이 바로 내가 그 형제 수도자에게 가졌던 부러움의 성격이었다. 그 사람은 나에게 부러움을 일으킬 만한 아무런 일을 하지 않았다. 하느님은 단순히 나의 문제가 무엇인지 알게 하시려고 그를 만나게 했을 뿐이다. 결국, 나에게 가장 골칫거리로 보이는 사람이 실은 하느님께서 나에게 주신 가장 큰 선물일 수 있다.

수도자들 사이에 거룩한 정화의 과정을 '밖에서는 얻어터지고 안에서는 진절머리 나는 것'이라고 하는 상투적 문구가 있다. 하느님께서 우리 안에 쌓인 나쁜 덩어리들을 찾아내어 일종의 압착기 같은 것으로 우리의 심리 방어 체제를 뚫어 파내기 시작하시고는, 마침내 우리가 도저히 받아들이기 어려운 나의 숨겨진 비밀 장소를 들추어 보여 주신다. 이때 하느님과의 관계가 끝장이라고 생각할지도 모른다. 그러나 사실 이것은 하느님과의 관계를 새로운 깊이로 가지라고 부르시는 초대다. 우리가 하느님의 고귀한 말씀에 응답하려면 비움과 치유가 많이 일어나야 한다. 거짓 자아의 잡음이 너무 높으면, 하느님의 생명이 온전히 우리 안에 들어오지 못하며, 우리가 하느님의 목소리를 알아들을 수도 없다.

우리가 영적 여정을 시작하면 하느님은 완전히 우리 편이 되신다. 모든 것은 우리의 선익善益을 위하여 함께 작용한다. 우리가 이것을 믿기만 하면 많은 문제를 해소할 수 있다. 무의식의 정화는 여정의 매우 중요한 부분이다. 우리가 복음의 가치를 받아들이기로 결정한다 해도 3, 4세에 단단히 박히고 이성의 연령에 달했을 때에 굳어 버린 우리의 무의식적인 동기에는 그것이 미치지 못한다. 행복을 위한 정서 프로그램과 함께 거짓 자아가 자리 잡고 있는 한, 여정 중에 있는 어떤 진전도 우리 자신의 거짓 자아와 정서 프로그램에 맞춰지는 경향이 있다.

하느님 사랑의 경험과 우리 자신의 약점을 경험하는 것에는 상관관계가 있다. 이것은 하느님과 우리를 관련지어 온 유치한 방법에서 우리를 점차로 해방시켜 주는 데 사용하는 두 개의 극과 같다. 하느님의 치유가 절망적으로 필요하다고 느끼는 경험은 우리가 그분의 무한하신 자비를 경험하게 하는 척도와 같다. 하느님의 자비를 더욱 깊이 경험할수록, 우리도 다른 사람에 대하여 더 많은 동정심을 갖게 된다.

수도원에 들어오기 위하여 많은 것을 버린 내가 왜 그토록 강한 부러움의 감정을 느꼈을까? 아마 나의 무의식에 있는 프로그램 중의 하나가 작동했을 것이다. 내가 기도함으로써 무의식적으로 안정감을 가지려고 했던 것은 아닌가? 아니면 우리 수도원에서는 축성된 성체 앞에서 기도드리는 것이 매우 지극한 존경을 드리는 것으로 간주되었기 때문에, 내가 나의 형제 수도자와 무의식적으로 경쟁하고 있었던 것은 아닌가? 마치 단식에서 모든 이를 이기려 했던 그 젊은이처럼 말이다.

그리스도를 따르는 작업은 우리 안에 무엇이 잘못되어 있는지 잘 아는 심리 치료사와 일하는 것과 같다. 하느님은 우리 영적 성장의 바로 그 시점에서, 주의를 기울여야 할 필요가 있는 바로 그곳에, 믿지 못할 정도로 정확성을 가지고 당신의 손가락을 넣어 주신다. 그분은 우리가 마지막으로 남은 소유욕에 매달려 있을 때, 때로는 다른 사람들을 시켜 "그것을 나에게 주어라." 하고 말씀하신다.

신명기에서 모세는 하느님이 자기 백성을 단련시키시는 것을 독수리가 그 새끼를 훈련시키는 것에 비유했다. 옛날에 사람들은 어미 독수리가 벼랑에 있는 둥지에서 새끼를 밀어 내어 새끼가 나는 것을 배우게 했다고 믿어 왔다. 이것은 우리에게 일어나고 있다고 느끼는 것을 아주 잘 보여 준다. 하느님은 우리가 전혀 할 수 없다고 느끼는 것에 우리를 밀어 넣으시는 듯하다. 그때 우리는 하느님이 아직도 우리를 사랑하시는지 의심하게 된다. 그분은 우리가 들어 있는 둥지에서 우리를 밀어 내신다. 마치 새끼 독수리가 절망적으로 날개를 퍼덕이듯, 우리도 벼랑 밑으로 떨어지는 것과 비슷한 느낌을 갖는다. 그런데 하느님은 어미 독수리처럼 날쌔게 내려오시어 우리가 돌에 부딪히기 직전에 우리 몸을 붙잡아 주신다. 새끼 독수리가 날게 될 때까지 이러한 과정이 되풀이된다.

우리도 이처럼 여러 번 다루어진 다음에야, 우리가 처음 믿었던 것처럼 이것이 그렇게 위험한 것은 아니었다고 깨닫게 된다. 우리는 머리카락이 쭈뼛해지는 경험을 받아들이는 법을 배우기 시작한다. 그리고 심리적인 경험을 초월하여 하느님을 신뢰하는 법을 배운다. 그리하여 우리 자신의 어두운 구석을 대면하고, 떠나보내는 용기를 더욱 강하게 갖게 되면서, 우리가 이성기 이전에 구축했던 정서 프로그램을 부수는 일에 적극적으로 참여하기 시작한다.

우리는 내면에 있는 세상적인 것으로부터 완전히 도망칠 수는 없다. 그러나 서서히 그것들을 인정하고 대면할 수 있게 된다. 우리의 행동 동기가 자아 중심에서 나와 하느님의 사랑 안에서 작용하도록, 하느님께 사신을 내어 드리는 것은 '변형하는 일치'[4]로 부르시는 하느님께 응답하는 것이다.

---

[4] 거룩한 실재가 자신 안에, 그리고 존재하는 모든 것 안에 현존함을 지각하게 되는 의식의 재구성.

내적으로 자유를
누릴 권리

　　　　자신의 무의식적 동기에 부딪치는 어려운 일을 시작하면서 정서는 우리의 최상의 동료가 될 수 있다. 정서는 우리가 원하는 대로나 우리가 생각하는 대로 보이지 않고 우리의 가치 체계에 있는 그대로 충실하게 반응한다. 그리고 정서는 내면에서 일어나는 일들을 정확하게 기록한다. 그렇기 때문에 그 정서들은 우리의 행복을 위한 정서 프로그램이 진정 어떤 것인가를 찾아내는 열쇠가 된다.

　아프리카의 어느 지방에서는 농부들이 바나나 농장을 습격하는 원숭이들을 잡는 방법을 알고 있다. 농부들은 코코넛을 반으로 쪼개고 그 속을 오려 낸 다음에 원숭이들이 좋아하는 사탕 과자를 그 안에 넣는다. 그러고는 그 코코넛을 다시 봉하면서 우체통의 구멍처럼 한쪽에 틈을 내어 원숭이가 손을 넣을 수 있게 한다. 그리고 그 사냥꾼들은 덤불에 숨어서 원숭이들이 의심 없이 나무들을 타고 올 때를 기다린다. 때가 되면, 한 마리가 나타나서 그 달콤한 냄새를 맡고는 "아, 이게 웬 떡이냐!" 소리 지른다. 뛰어 내려와서는 코코넛을 집어 들고 그 틈새로 손을 집어넣어 사탕과자를 잡는다.

그러나 사탕 과자는 주먹을 쥔 채로는 아무리 애써도 꺼낼 수 없다. 사냥꾼들이 덤불에서 나와 원숭이에게 접근한다. 원숭이는 더욱 힘을 주어서 손을 빼내려고 애쓰지만 빠지지 않는다. 사냥꾼들이 다가오자, 원숭이는 그 사탕 과자를 내버려 두지 않으면 잡힌다는 것을 어렴풋이 인식한다. 그러나 발견한 재물을 가지려는 욕망이 너무 커서 그것을 쉽게 포기할 수가 없다. 결국 사냥꾼들은 원숭이를 잡아서 구워 먹는다.

이것이 인간 조건의 비유다. 때때로 우리는 우리가 받은 모욕을 조금 더 생각한다면, 혹은 어떤 욕망을 조금 더 품고 있으면 우리가 '쓰라린 정서'[5]에 붙잡힌다는 것을 희미하게 인식한다. 우리는 그것에 잡히기를 원하지 않으면서도 조금 더 그 특정 욕망이나 혹은 복수하려는 생각을 품고 싶어 한다. 그러면 사냥꾼들(쓰라린 정서들)은 우리를 잡아서 구워 먹는다. 그 원숭이가 해야 할 일은 손을 풀어서 그것을 놓기만 하면 되는 것이었다. 그러면 다시 나무로 뛰어올라 자유로워졌을 것이다. 우리가 할 일은 그저 우리의 마음을 열고 그것들을 놓아주기만 하면 되는 것이다.

---

5   좋기는 하지만 얻기 어렵다고 생각한 것을 획득하는 데 실패하거나, 나쁜 것이지만 피하기 어렵다고 생각한 것을 피하는 데 실패해서 일어나는 자발적 감정이다.

상황에 따라 일어나는 쓰라린 정서를 보면서 우리의 행복을 위한 정서 프로그램을 알아볼 수 있다. 기본적으로 이러한 정서들을 요약하면 분노, 슬픔, 두려움, 자부심, 탐욕, 부러움, 허영심, 무감정이라 할 수 있다. 우리의 생존과 안전, 애정과 존중 혹은 권력과 통제에 대한 본능적 욕구에 어떤 감정이 채색되어 있으면, 이러한 욕망을 좌절시키는 어떤 사건이 일어날 때, 앞서 말한 쓰라린 정서가 일어나는 것이다.

상상과 정서는 시계의 톱니바퀴처럼 서로 맞물려 있어서 한 바퀴가 돌아가면 다른 바퀴도 돌아가게 된다. 정서적으로 좌절하면 우리의 과거 역사나 혹은 기질에 따라 비평이 따르기 마련이다. 이러한 상호 작용을 통해 우리의 감정은 더욱 강해지고 비평은 격렬해진다. 이러한 과정이 우리를 비참하게 만드는지 알면서도 사탕 과자를 잡은 원숭이처럼 멈출 수가 없다. 육체는 핏줄에 화학 물질을 주입하여 우리가 행동할 준비를 갖추게 한다. 시계의 각 바퀴가 서로 맞물려 계속 돌아가면 속도가 가속되는 것처럼 마침내 정서들은 사육제를 열고 그것을 몇 시간, 며칠, 몇 주, 아니면 몇 년까지 끌고 간다.

어떤 남자가 영적 여정을 나서고는 정의, 분별력, 용기, 그리고 인내의 도덕적인 덕을 수련하기로 했다고 하자. 이 남자는 복음의 가치를 '의식적'으로 선택했다. 그런데도 그는 비서의 행동을 견디기 어려워했다. 그들이 서로 잘 맞지 않았기 때문이다. 그는 비서를 사랑하려고 굳게 결심했다. 그러나 어떤 것도 도움이 되지 않았다. 어느 날 피정에 다녀와서 결실을 얻었다고 생각하고는 과거에 있었던 모든 일을 용서하고 다시는 화내지 않겠다고 마음을 먹었다.

　새로운 결심을 하고 직장에 돌아온 첫날, 사무실로 들어갔을 때 그는 자기 책상 위에 비서의 더러운 골프 양말이 놓인 것을 발견했다. 그리고 몇 시간 뒤, 비서는 금방 마무리한 중요한 서류 위에 커피를 엎질렀다. 그렇지만 서류를 다시 만들기로 했다. 점심때가 되자 비서는 자신이 받아야 할 전화를 모두 그에게 떠맡기고, 두어 시간 자리를 비웠다. 그리고 오후 시간이 반 이상 지나서야 뛰어오면서, 점심시간에 애인을 만났는데 이번 주말에 그 친구와 해변에 가기로 약속했다고 말했다. 그러니 그날에 자신의 남은 일을 맡아 달라는 것이다. 비서는 그의 대답을 듣지도 않고, 감사하다는 말도 없이 나가 버렸다.

　이 가련한 남자는 이런 일이 일어날 때마다 끓어오르는 분개를 참으려고 애쓴다. 우리의 뇌와 신경 조직은 거대한 생체 컴퓨터와 같다. 프로그램을 지우라는 명령을 내리면 요즈음의 컴퓨터는 "이 프로그램을 정말로 지우기를 원합니까?" 하고 묻는다. 이 남자는 좋은 결심을 했기 때문에 그의 생체 컴퓨터는 이와 비슷한 질문을 한다. "당신은 정말로 분개의 프로그램을 지우기를 원합니까?" 그날 일어난 일련의 사태를 겪은 그는 "그래, 나는 그 프로그램을 원치 않는다."라고 대답한다.

　이제 오후 4시경이 되었다. 피정과 아침 일찍 가졌던 관상 기도를 통해 쌓인 내적 평화는 바닥이 났다. 다시 한번 의식의 내적 화면에 컴퓨터의 질문이 나타난다. "당신은 정말로 이 분개의 프로그램을 지우기를 원합니까?" 이번에 그는 거의 소리치듯 대답한다. "일단 전체 프로그램을 모두 줘라!" 그러자 빨간불이 켜지고, 컴퓨터는 그동안 이 비서 때문에 고통받은 모든 불쾌한 일을 찍어 내기 시작한다. 그가 만났던 모든 불쾌한 사람이 나오고, 그를 흥분하게 한 모든 사건이 나오고, 그를 화나게 하고 또 복수하고 싶게 하는 모든 사람, 그리고 이전에 그의 기억 은행에 기록된 모든 참고 자료와 자세한 비평 등 모든 것이 나온다.

또한 자신의 편파적 성질과 개인 역사에 바탕을 둔 비평들이 그의 상승하는 정서 수준에 맞추어 강한 어조를 띤다. 그의 분개가 분노로 올라가면서 '왜 이 여자를 해고하지 않는 거야?'라고 생각한다. 이러한 비평은 그의 분노를 격노로 바꾼다. 그다음의 비평은 '왜 하느님은 이 여자를 번개로 치시지 않는가?'이다. 이러한 비평은 다시 그의 격노를 격분의 상태로 몰고 간다. 그러고는 일시적인 정신적 비정상 상태에서 그는 "아니야. 아니야! 그 여자를 내 손으로 목 졸라야 되겠어!"라고 소리 지른다.

이 상황은 몇 시간이 갈지도 모른다. 마침내 그는 모든 서류를 집어 들고 혼란스러운 마음으로 집으로 돌아갔다. 부인과 아이들은 그를 힐끗 쳐다보고는 바로 방으로 가 버렸다. 그는 그날 저녁을 완전히 망친 것이다. 뭘 먹을 수도 없고 잠을 잘 수도 없다. TV를 보려고 애쓰고, 술을 들이붓고, 친구에게 전화를 걸었다. 모든 것이 절망이다. 마침내 침대에 엎어져서 자다 깨다 하다가 잠이 들었다. 아침에 일어나서는 지독한 두통을 앓고, 완전히 패배한 느낌을 갖는다. 절망 속에서 그는 한숨을 쉬며 "오, 하느님! 무엇이 잘못된 것입니까?" 하고 말한다. 정말로 인내하고, 친절하게 용서하겠다던 그의 의식적인 결심은 어디로 간 것인가?

그는 자신의 무의식에 있는 가치 체계에 잘못된 것이 있기 때문에 정서적 혼란을 겪는 것을 깨닫지 못한다. 무의식 속에 있는 행복을 위한 정서 프로그램 때문에 일어난 정서가 너무 강해서 그 상황을 올바로 바라보지 못하고 적절한 반응을 하지 못하는 것이다.

그는 자신의 고통이 다른 사람 때문에 생겼다고 여기며 이렇게 말한다. "그 여자만 없어진다면 행복할 텐데!" 그러고는 정서적 폭풍을 겪을 때마다 "사람들은 나를 왜 이렇게 취급하는 것인가? 내가 무엇을 했기 때문인가?" 하며 의아해한다. 자신의 정서 프로그램과 그것의 표현에 자신을 내맡길 때마다 절망, 만족, 좌절 그리고 보상받으려는 끝없는 욕구를 반복하는 것이다.

이 사람이 그의 동료가 만드는 진정한 문제를 다루려면, 그의 과격한 반응과 이 반응들이 나타내는 가치 체계를 수정해야 한다. 미묘한 거짓 자아를 다루는 데에 모든 방법이 다 적절하고 충분한 것은 아니다. 그때그때 상황에 적절한 방법을 선택해야 한다. 우리에게는 심리 치료가 필요할지도 모른다. 그러나 이 모든 문제의 초석은 규칙적인 관상 기도다. 행복을 위한 정서 프로그램의 영향 아래 행동하는 뿌리 깊은 습관을 바꾸려면 일상생활 중에 긍정적인 노력으로 관상 기도를 강화해야 한다.

그러한 변화에는 노력이 필수적이라는 것을 인정했다 하더라도, 바오로 사도가 로마 신자들에게 보낸 서간 7장에서 지적한 것이 중요하다. 의식적으로 가치관과 행동을 바꾸기로 결심하는 것만으로는 거짓 자아의 무의식적 가치 체계와 거기에서 일어나는 행동을 바꾸는 데 충분하지 않기 때문이다. 다만 관상 기도를 통한 수동적인 정화[6]만이 이 심오한 치유에 효과적이다. 그래야만 관상 기도 중에 쌓인 내적인 고요가 마르지 않게 될 것이다.

이 사람의 경험은 발달하기 시작한 지 얼마 안 된 영적 여정 중에서 경험하는 모든 사람의 예로 볼 수 있다. 정서 프로그램이 좌절될 때마다, 우리는 즉각 자동적으로 감정적 반응을 경험한다. 특정한 안전의 상징에 대한 우리의 욕구를 뒤집어 놓는 어떤 일이 발생하면 즉시 슬픔이나 분노의 감정이 일어난다.

예를 들어 직장에 갔을 때 사장이 말하기를 다른 직원들이 나에게 불평을 하면서 다른 직책을 달라고 말했다고 한다면, 나는 즉시 상처받을 것이다. 그리고 곧바로 비평이 생긴다. "누가 나에게 이런 짓을 했을까?" "나의 이력에 어떤 영향을 미칠까?" 이와 같은 자기 보호적인 비평을 하고 나면 짓이겨지는 감각이 상승한다.

그럼 우리의 무의식에 있는 거짓 자아의 가치관을 보여 주는 주된 정서나 혼합된 여러 정서는 어떤 것일까? 우리는 좋은 것을 얻기 힘들거나 악한 것을 피하기 어려울 때 분노가 일어난다. 이렇게 감지한 어떤 것이 우리를 둘러쌀 때 우리는 분노를 경험한다.

무심은 반복해서 좌절을 경험했기에 생기는 지치거나 쓰라린 마음이다. 이는 인생과 친구와 공동체에서 후퇴하는 것이다. 이러한 병으로 고

---

[6] 자신의 힘으로 하는 정화가 아니라 하느님께서 해 주시는 정화라는 뜻. — 역자 주

통받는 사람들은 아마 이렇게 불평할 것이다. "나는 이 공동체에 20년이나 봉사해 왔지만, 당신들은 내 의견을 묻지 않았다. 내 의견을 들었다 해도 그대로 따르지 않았다. 이제 나는 내 방으로 가서 방문을 닫아걸겠다. 아무도 내 문을 두드리지 마라. 당신들은 당신들대로 가고 나는 나대로 가겠다."

아무도 그 사람과 대화할 수 없다. 그 사람은 상처받았고, 스스로 옳다고 생각하면서 그것을 굳게 믿기 때문이다. 스스로 옳다는 감정은 자기만족의 감각을 키워 준다. 그리고 그 사람은 자신의 후퇴가 다른 사람들에게 상처 주길 희망한다. 그리고 그것은 실제로 다른 사람들에게 상처를 준다. 결국 복수한 셈이 된다. 무심이란 실제이건 상상이건 간에 자신의 상처를 끌어안기 위해, 삶의 흐름 밖으로 스스로 물러나는 것이다.

정서 프로그램의 좌절이라는 문제로 볼 때, 색욕은 성적 이상 행동만을 뜻하는 것이 아니다. 그것은 나의 무리한 요구를 들어주지 않음으로써 나에게 쓰라림을 안겨 준 사람들에게 받은 참을 수 없는 모욕을 보상하기 위하여 신체적, 정신적, 영적인 만족을 구하려는 강한 욕망이다. 우리가 본 것처럼 정서 프로그램은 점차 행동 동기의 중심이 되어 사고와 감정과 행동들이 마치 태양을 도는 위성들처럼 그 주변을 돈다.

정서적 반응으로서 자부심은 두 가지로 경험할 수 있다. 어떤 사람은 이를 자기 과장 대신에 자기 거부로 경험한다. 그들은 자신의 이상적인 자아상에 부합하지 않을 때 자신에게 벌을 가하지 않으면 안 된다. 자신의 감정을 다치게 한 사람에게 화를 내는 대신에 자신을 향해 "나는 좋지 못해."라고 말하는 것이다. 그들은 아마 그 감정이 지나치게 강하면 자신을 해치는 행동도 할 것이다. 또한 자신이 실패하는 것을 참을 수 없게 된다. 자신의 자부심이 자신에게 유죄를 평결하려 하기 때문이다. 자신의 이상적인 자아상이 요구하는 것을 결코 따라가지 못하고 있다는 점을 하느님이 아닌, 자신의 자부심이 자신에게 말해 주는 것이다.

어떠한 흥분의 정서도 정서 프로그램이 좌절되었다는 것을 경고하는 표시다. 그 원인은 누구의 잘못된 행동이나 혹은 불쾌한 사건 때문이 아닐 수도 있다. 우리가 습관적으로 늘 행복해지기 위해서는 다른 사람이 아닌 바로 나 자신이 바뀌어야 한다. 어떤 일로 흥분하는 건 우리 스스로 문제를 가지고 있다는 것이며, 그 문제의 뿌리를 바꾸지 않는 한 우리는 계속해서 정서적 혼란을 경험하게 될 것이다. 그 문제란 바로 우리의 무의식 속에 있는 행복을 위한 정서 프로그램이다. 이 변화를 위한 노력을 '덕의 수련'이라고 부른다.

우리가 비판하거나 심하게 반응하지 않음으로써 우리의 욕망이나 싫어하는 마음을 메마른 상태로 내버려 두면, 마른 사막에서 풀이 말라 버리듯 말라 버리게 된다.

어떤 사업가가 매일 뉴욕 지하철을 타고 출근했다. 그는 늘 지하철에서 읽기 위해 〈뉴욕 타임스〉를 사곤 했다. 어느 날 그는 사업 동료와 함께 지하철을 타게 되었다. 여느 때처럼 그는 신문 가판대 앞으로 가서 점원에게 말했다. "〈뉴욕 타임스〉 한 부 주시겠습니까?" 그러자 점원은 신문을 들더니 그에게 던졌다.

그 사업가는 말했다. "고맙습니다. 여기 돈이 있습니다." 그 점원은 돈을 집어 들고는 큰 소리로 투덜거렸다. 사업가는 다시 "오늘 하루 행운이 있기를 바랍니다." 하고 말하였다. 그 점원은 그를 쳐다보면서 "오늘이 당신 일생에 제일 재수 없는 날이 되길 바란다!"라고 말하며 그 방향을 향해 퉤 하고 침을 뱉었다. 그러나 그는 아무렇지 않다는 듯 지하철로 걸어갔다.

그의 동료는 화가 나서 소리쳤다. "당신은 어떻게 그따위 대접을 받고도 참는단 말입니까? 나 같으면 한 순간도 참지 못했을 겁니다. 이따위 어처구니없는 대접을 받느니, 차라리 이 동네의 다른 쪽에 가서 지하철을 타겠습니다!" 그 사람이 대답했다. "그 신문 가판대는 바로 내가 가는 길목에 있습니다. 그 사람이 나에게 하는 행동 때문에 자신을 불편하게 만들 필요가 있습니까?"

다른 사람이 우리를 대하는 태도에 따라 우리가 흥분해도 된다는 계명은 없다. 우리가 흥분하는 것은 "누가 나에게 못되게 굴면 나는 행복해질 수 없고 나 자신이 좋은 기분을 가질 수 없다."라고 말하는 정서 프로그램을 가졌기 때문이다. 물론 우리가 인간으로서 올바른 대접을 받지 못할 때 심리적 고통, 때로는 육체적인 고통이 따른다. 이러한 상황에서 우리는 모욕을 느끼면서 그것을 변상하려는 조치를 취할 권리가 있다. 그러나 이런 상황에서도 강박적으로 반응하고 복수하는 대신, 인간으로서 자유를 누리면서 흥분하기를 거부할 수도 있는 것이다.

영적 여정에 들어서면, 행복을 위한 정서 프로그램이 다른 사람들과 그들의 욕구에 반응하지 못하도록 우리를 막고 있음을 자각하기 시작한다. 우리가 자기애적 욕망의 세계에 파묻혀 버리면, 다른 사람들이 도움을 찾을 때에 그들에게 자신을 내어 주지 못한다. 우리가 다른 사람들의 욕구를 분명하게 보면서 그들의 욕구에 반응하는 것은 우리의 내적 자유와 직접적으로 비례한다.

인간 의식의
변화

개인의 죄는 행복을 위한 정서 프로그램에서 열린 열매다. 그것은 주된 문제가 아니라 문제의 주된 증상이다. 그리고 그 문제는 분명히 보편적이다. 이는 전 인간 조건에 영향을 끼치고 있다. 사실 그 자체가 인간의 조건이다.

내가 인간 조건이라고 말하는 단어는 처음 히포의 아우구스티노 성인이 제시한 것처럼, 전통적인 그리스도교 교리에서 가르치는 바와 같이 원죄와 그 결과들을 가리키는 용어다. 어떠한 신학자도 원죄를 개인 잘못으로 간주하지 않는다. 원죄는 우리 첫 부모의 죄만으로 여겨졌다. 원죄 교리는 어떻게 해서 인간 본성에 질병이 만연하게 되었는지 신학자들이 설명하려고 애쓴 결과다. 도교나 힌두교, 불교 혹은 다른 종교에서도 시초부터 인간을 고통스럽게 만든 보편적 질병의 경험을 증언하고 있다.

심리학에서는 이러한 질병이 만연하는 것에 대해 비슷한 결론을 내리고 있다. 사실상 현대 심리학의 위대한 공로 중 하나는 우리가 경험하는 인간 조건의 성격과 원인에 관하여 정확하게 설명해 준다는 데 있다.

프로이트가 약 100년 전에 발견한 무의식은 영적 여정에 엄청난 의미를 부여하고 있다. 더 최근에 나온 결손 가정과 상호 의존에 관한 학설들은 우리가 배웠던 원죄의 결과와 육체적 죄의 교리가 가르치는 것보다 인간 조건에 대한 진단을 더욱 자세히 제공한다. 과학과 심리학의 응용으로 인간 행동 동기의 역사에 관하여 이전에 이해해 왔고 그리하여 도덕적 판단의 기본이었던 것들을 강화시켜 주었다. 그러므로 심리학은 '신학의 새로운 시녀'가 되었다. 그러면서 동시에 계시에 관한 신학적 사색을 통하여, 그리고 관상 기도를 통하여 얻은 이전의 성찰에 새로운 타당성을 부여했다.

아동 심리학자 장 피아제가 개척한 발달 심리학의 모델은 행복을 위한 무의식적 정서 프로그램의 근원을 설명하는 데 도움이 되었다. 우리는 모두 자신의 인격과 자아 동일시에 확증과 확인이 필요하다. 부모가 무관심하고 무성의해 확증이나 확인을 얻지 못하면, 결핍으로 생긴 고통은 자아 방어와 보상의 방법을 찾게 된다. 그 결과 정서 생활은 인간의 발달 단계에 따라오는 가치관에 맞추어 자라지 못하고 이전에 결핍을 지각했던 수준에 고착되고 만다. 그 정서적 고착은 하나의 행복을 위한 프로그램으로 굳어진다.

그 프로그램이 완전히 형성되면 중력의 중심이 되고, 그 중력으로 심리적인 자원, 예를 들면 사고, 감정, 상상, 반응, 행동들을 그곳으로 더 끌어들인다. 그 후 생활 속에서 일어나는 경험과 사건이 모두 그 중력의 장 안으로 끌려들어 와 행복을 추구하는 우리의 기본적인 욕구를 기준으로 그것들이 도움이 되는지 아닌지 해석하게 된다. 이러한 중심은 우리가 사는 문화, 우리가 소속한 집단에 대한 동일시보다는 과잉 동일시에 의해 더욱 강화된다.

개인의 발달 단계 모델은 그보다 더 포괄적인 모델, 즉 인류 진화 모델의 작은 복제 모델이다. 유아는 전 인류가 경험한 것과 똑같은 발달 패턴과 가치 체계를 경험한다. 다른 말로 하면, 각각의 인간은 전 인류가 지나온 길, 앞으로 나아갈 길의 축소판이다. 나는 켄 윌버의 '존재의 거대한 사슬'이라는 진화론적 개념을 따라 이야기하고자 한다.

한 5백만 년 전에 인류가 발달함에 따라 처음으로 인간과 동물 사이에 겨우 알아볼 만한 차이가 생기기 시작했다. 그 차이를 지금 '파충류적 의식'[7]이라고 부른다. 이 의식의 신화적 상징은 자기 꼬리를 먹는 뱀이다. 자연의 반복성, 즉 낮과 밤, 여름과 겨울, 출생과 사망, 욕망과 그 만족을 의미하는 것이다. 가장 원시적인 인류는 완전히 자연 속에 묻혀 있었다. 그들에게는 분리된 자아의식이 없었다. 그들은 음식을 찾고 잘 곳을 찾는 일, 본능을 즉각적으로 충족시키는 일 같은 매일매일 생존에 필요한 것을 중심으로 생활했다.

---

7   자연 속에 묻혀 본능적 욕구를 즉각 충족하면서 자아의식이 없는 수준의 의식.

첫 1년 동안 유아는 파충류적 의식을 경험하여 물질과 쾌락 감각에 완전히 빠져 있는 생활을 한다. 첫해에는 엄마와 하나인 경험을 하며 모체 자궁에서 즐기던 삶의 연속이다. 엄마와 맺은 연대가 올바르게 자리를 잡으면, 유아는 인간의 모험을 정서적으로 받아들이는 길에 들어선다.

한 20만 년쯤 전에 파충류적 의식에서 '타이포닉 의식'[8]으로 넘어갔다. 이 의식은 동물적인 삶과 원시적 본능 속에 깊이 자리 잡고 있었지만, 그것은 새로운 인간이 주변 환경에 있는 다른 대상물에서 자신을 구별할 수 있게 만들었다. 이러한 종류의 의식은 신화에서 반은 인간이고 반은 동물인 타이폰으로 상징된다. 이 의식은 신체 자아적 인식으로서 아직은 생존 본능과 음식 섭취, 재생산(종족 보존)을 우선으로 한다. 이 반인반수의 문화는 사냥을 하며 어머니인 대지를 섭생 제공자와 보호자로 숭배하는 생활을 중심으로 한다.

타이포닉 의식의 특징은 2세에서 4세 아동에게서 나타난다. 아동은 주변 환경에 있는 사물과 형제들에게서 분리된 신체 자아를 경험한다. 아동은 감각으로 오는 정보를 급속도로 처리하도록 뇌의 기능이 새로이 발달하는 데 힘입어, 자신의 세계를 탐색하고 또 무엇인가 시도하려 든다. 아동의 의식은 타이포닉 의식에 참여한다. 그들의 꿈은 동물이나 의인화시킨 동물의 영상이 주를 이룬다. 이 꿈과 같은 성질의 인식은 아동들의 놀이나 상상에 나타난다. 나무토막을 자동차로 여기고, 옷장을 다른 별

---

8   반인반수의 의식. 부분과 전체, 상상 속의 이미지와 외부 현실을 구별하지 못한다.

이나 지구 중심으로 향하는 우주선으로 여긴다. 아동은 상상과 현실, 부분과 전체를 구별하기 어렵고, 그들이 상상하는 일이 존재하거나 일어날 수 있다고 여긴다. 어린이들은 반인반수 의식의 조상들이 가졌던 것과 비슷한 두려움으로 고생한다. 즉 어둠, 낯설음, 자연의 힘, 상상으로 만들어 낸 괴물 등이 그것이다.

기원전 12000년경에 언어가 생겨나면서 타이포닉 의식에서 '신화적 회원 의식'[9]으로 옮겨 갔다. 농업 기술의 발전으로 예술, 사색, 의식儀式, 그리고 정치를 위한 여가 시간이 생겨나 이러한 과정을 촉진시켰다. 사회는 도시 국가 형태로 계층화가 진행되며 땅과 소유물을 획득하는 과정으로 나아갔고, 점점 더 전쟁이 발생하여 방어와 확장을 위한 투쟁이 생겨났다.

신화적 회원 의식의 수준에서, 공동체와 동일시하는 마음은 소속감, 적으로부터의 보호, 출산을 통한 생명의 연장이라는 감각을 갖게 했다. 특정한 도시 국가나 가족 집단과 동일시하는 사회적 자아는 의식적 희생, 왕과 귀족의 권위, 전쟁의 승리로 얻어 문화적 확장에 종사하는 노예 계층의 형성 등을 발전시켰다. 사람들은 자아의식이 발전하면서 죽음을 예견하게 되었고, 이에 따라 커 가는 두려움을 감추는 길을 찾았다. 실제로는 확신을 갖지 못하면서도 생명을 미래에 투영하였다. 어떤 인류학자

---

9 자신의 가족, 인종, 혹은 종교 집단에 과도하게 동일시하여 소속 집단의 가치 체계에 동조하는 것이 특징이다.

는 닥쳐오는 죽음을 잊는 방법이 문화를 형성하는 주된 추진력의 하나라고 설명한다.

4세에서 8세 사이에, 아동은 사회화와 신화적 회원 의식의 수준에 접하는 길로 들어간다. 여기에서 소유, 경쟁, 성공, 집단 소속, 구조적 사회의 가치관을 내면화하는 일들을 매일 겪는다. 특히 부모, 선생, 또래 집단, 사회의 주된 가르침을 비판 없이 받아들인다.

기원전 3000년경에 가장 극적인 인간 의식의 도약이 일어났다. 그것은 이성의 출현이다. 인류학자는 이 수준을 '정신 자아적 의식'[10]이라고 부른다. 이는 제우스가 용을 죽이는 그리스 신화로 상징된다. 제우스는 이성을 대표하며, 용은 정서의 지배와 원시적 의식 수준을 의미한다.

이론적으로 정신 자아적인 시대는 우리가 사는 시대다. 이 의식의 수준은 정상적인 인간 발전 단계에서 볼 때, 일반적으로 8세 이후에 얻을 수 있다고 본다. 이렇게만 되었다면 마음의 위로가 되었을 것이다. 그러면 인간 조건은 만연하는 질병이 아니라, 생명의 가능성에 더욱더 참여해 나가는 올바른 진보였을 것이다. 그러나 불행하게도 그렇지 못하다. 온전한 사색적 자아의식과 개인적 자아 동일시가 생겨나면서, 그에 따라 하느님과의 격리감도 자라났다. 만일 인류가 의식 수준이 진전하면서 그대로 하느님과 일치하는 인식을 향유했다면 온전한 사색적 자아의식이

---

10 온전한 사색적 자아의식의 발달로 자신의 태도나 행동에 대해 개인적인 책임감과 죄악감을 갖는 것이 특징이다.

그렇게 위협적으로 경험되지는 않았을 것이다. 그러나 그 반대로, 의식 수준이 발달하면서 하느님과 자기 자신, 다른 사람, 우주와 결별했다는 의식도 자라게 되었다.

정신 자아적 의식은 자기중심적인 본능적 욕구와 '선 이성적 본능'[11]을 만족시키는 수준을 초월하여 온전한 인격체로 나아가는 움직임이다. 그것은 우리 자신의 책임을 받아들임은 물론, 나아가 가족, 국가, 인류 그리고 다음 세대에 오는 후손들까지 포함하는 모든 인간의 욕구에 응하는 것이다. 그러나 불행하게도 이 수준의 의식에 대부분 인간들은 아직 미치지 못한다. 그러므로 우리가 본 바와 같이 파충류적 의식 수준의 생존과 안전, 타이포닉 수준에서 오는 애정과 존중, 권력과 통제 등과 같이 원시적 수준의 의식 단계에 기초를 둔 행복을 위한 정서 프로그램을 가진 거짓 자아의 지배하에 아직도 인간 조건이 있는 것이다. 그 결과, 어른이 되었으면서도 그 의식은 여러 가지로 어린아이와 같다. 그리고 현재의 문화 전체는 아직도 신화적 회원 의식 수준을 넘지 못하고 있다. 그리고 복음은, 특히 이러한 가치관에 도전하는 것이다.

인간의 진화적 여정에서 파충류적인 기간, 타이포닉 기간에 대지인 어머니는 우리 모든 인간의 원형으로서 천상적인 무죄인으로 의인화되었다. 인류 진화의 각 단계가 우리 각자에게 재현되어 있기 때문에, 자연에 묻혀 사는 것과 아무런 책임 없이 먹고 재생산하는 동물적 기능을 즐기는

---

11 이성으로 판단하는 시기 이전에 가진 본능들. — 역자 주

것이 얼마나 유쾌한 일이었는지 우리는 희미하게 회상할 수 있다. 모든 인간에게는 태중에 즐기던 기쁨으로 되돌아가려는 무의식적인 경향이 있다. 즉 우리는 자연적으로 우리에게 낯선 곳으로 나아가기보다는 익숙한 곳으로 되돌아가기를 선호한다.

인간이 성장하려고 나아가는 모든 움직임은 우리가 처하는 각각의 신체적, 정서적, 영적 발달 수준에 상응하는 위기를 만나게 된다. 성장하면서 부딪치는 중요한 위기에서 우리에게는 그때까지 우리를 길러 준 신체적, 영적 음식을 떠나보내고 더욱 성숙한 관계로 나아갈 것이 요구된다. 이러한 위기에서 우리는 안전감을 찾으려고 한다. 파충류적 의식, 타이포닉 의식은 좌절하면 가장 저항이 낮은 길을 선택하게 하고, 또 가장 쉬운 안전 담요로 자신을 감싸려 드는 특성을 가진다. 개인적인 책임을 받아들이도록 나아가려는 능력은 더 낮은 수준의 의식과 행동으로 되돌아가려는 유혹으로 도전을 받는다. 인간의 성장은 어느 수준을 부정하거나 거부하는 것이 아니라, 낮은 수준의 의식을 더욱 진화된 의식의 수준으로 융화하도록 하는 것이다.

인류 발달이 온전한 사색적 자아의식으로 성장해 가는 것은 이와 같이 본능적 수준에 고착된 정서를 해방시켜 주는 데 달렸다. 복음은 인간 인격체를 온전한 발달로 부르며 하느님이 우리를 위해 마련하신 더 나아간 성장으로 초대한다. 즉 성숙한 믿음과 사랑이 우리를 일으켜 세워서 직관적이고 일치적인 수준의 의식으로 나아가는 것이다. 신화적 회원 의식의 단계에서 정신 자아적 의식의 단계로 옮겨 가는 동안, 우리는 원시적인 본능이 역류해 오는 것을 느낀다. 행복을 위한 정서 프로그램의 영향에서 벗어나 우리의 감각과 영의 정화에 의해 완전히 융화될 때까지 이러한 것들은 우리의 일부로 남아 있다.

그러면서 동시에 파충류적 기간의 어느 시점에서 모든 것이 하나였다는 희미한 기억을 갖는다. 그 기간 동안에는 참으로 격리되었다는 의식도 없고 아무런 책임감도 없었다. 거기에는 신비적인 전체성이 있었다. 이는 에덴동산으로 상징되는 무죄성의 경험이다. 성인으로서 우리는 그러한 종류의 비자아 의식적 일치를 그리워한다. 이 일치는 처음 1~2세 때에 가지고 있었지만, 후에 분리되었다는 자아 감각의 발달로 인해 상실한 것이다. 그리고 이것은 변형하는 일치 중에 다시 고도의 형태로 재발견될 것이다.

복음에 비추어
가치 평가하기

　　소속 집단에 대한 과잉 동일시 현상은 신화적 회원 의식의 주된 특징이다. 우리가 소속된 사회적 조직체와 동일시하면 우리는 그 집단에 무조건 충성한다. 어떤 중요한 것에 소속되어 있다는 감각은 안전감, 즐거움, 위력감을 준다. 아동은 이렇게 자신을 부추길 것이다. "우리 아버지는 네 아버지보다 낫다."라고. 자기 아버지가 그 동네의 누구라도 이길 수 있다고 믿으면 그 동네 안에서 자신이 필요로 하는 안전감을 갖게 된다.

　일단 집단이 형성되면 그 회원들의 과잉 동일시 때문에 어떠한 건설적인 변화에도 막대한 힘으로 저항할 수 있게 된다. 우리가 처음으로 접촉하는 집단은 가족이다. 자신의 뿌리에 충성하는 것이 잘못은 아니지만, 정서 프로그램의 영향으로 적절한 정도 이상으로 충성을 과장한다. 아동기의 또래 집단은 자신이 행하는 일을 자신의 의식이 인정하든지 안 하든 지에 관계없이 그 집단에 동조하도록 그 아동에게 압력을 가한다. 우리가 그 집단의 가치 체계에 일단 동일시하면 우리는 더 쉽게 동조하게 되고, 그 집단에 도전하는 어떠한 사람에게도 저항한다. 이렇게 동조하는 패턴이 구축되는 것이다.

이 신화적 회원 의식의 수준에서 권위가 작용할 때 그 권위는 쉽게 독재로 옮겨 간다. 예수님이 생각하신 권위는 정신 자아적 수준에 속한다. 권위란 그가 이끄는 집단에 소속된 사람들에게 봉사하도록 하는 것이다. 권위는 그리스도교 공동체 회원들의 창의성을 이끌어 내고 용기를 북돋기 위해 행사하는 것이다. 그리스도교에서 권위는 자아 중심적인 행동 동기의 늪에서 우리를 이끌어 내어, 자신이 책임지는 자유로운 인격체를 형성하도록 주어진다. 그러면 우리는 그리스도의 신비체 안에서 하나의 살아 있는 세포가 되어, 전 신비체의 복지에 한몫을 맡는다.

예수님은 신화적 회원 의식의 수준에 있는 사람들에게 강력히 말씀하셨다. "누구든지 나에게 오면서 자기 아버지와 어머니, 아내와 자녀, 형제와 자매, 심지어 자기 목숨까지 미워하지 않으면, 내 제자가 될 수 없다."(루카 14,26)

이 말씀이 갖는 힘을 파악하는 것이 중요하다. 우리는 이 말씀이 부모를 사랑하지 말고, 돌보지 말라고 하신 뜻이 아닌 것을 잘 알고 있다. 예수님 시대에는 나이 든 부모를 봉양하는 대신 성전에 헌금하는 관습이 있었는데, 예수님은 그것을 맹렬히 단죄하셨다. 이 문맥을 보면, 우리가 복음의 가치를 따르지 못하도록 막는 사회적 동조에 얽매이지 말라고 촉구하시는 것이다.

우리는 자라면서 자신에 대한, 하느님에 대한, 그리고 이웃에 대한 관계가 변한다. 우리는 부모에 의존하면서 인생을 시작하지만, 성인이 되면서 부모와의 관계는 동등한 관계로 바뀐다. 그동안 의존하던 관계는 끝나고 새로운 관계가 시작되는 것이다. 우리는 계속해서 그들을 사랑하지만, 그들이 우리 가치에 거스르는 어떤 일을 하라고 요구하면 할 수 없다고 말해야 한다.

이와 같은 것이 더 넓은 집단에도 적용된다. 우리는 "더 이상 이 집단에 남아 있을 수 없다."라고 말해야 할지도 모른다. 만일 가족이나 국가나 혹은 어느 집단이라도, 우리의 진정한 성장(전 인류의 이익을 위하는 것)을 가로막으면 우리는 거기에 반대하면서 자신의 의견을 고수할 수 있어야 한다. 우리가 그렇게 삶의 방식을 바꾼다면 몇몇 친구를 잃을지도 모른다. 우리의 변화가 그들에게 위협이 될지도 모르기 때문이다. 그리하여 영적 여정은 처음에는 외로운 길이 될 수도 있다. 그러나 하느님은 후에 우리에게 새 친구를 주신다. 하느님은 무엇인가 더 좋은 것을 주시려는 경우가 아니면, 우리에게서 무엇인가를 빼앗아 가시지 않는다.

발달하는 인류의 삶에서 상당한 영향을 미치는 것이 있다. 바로 초자아다. 이것은 어떤 것이 옳은 행동이고 어떤 것이 그른 행동이라고 하는 정서적인 판단을 말한다. 부모나 선생은 아동에게 해야 하는 것과 하지 말아야 할 것을 가르치며, 이와 함께 칭찬이나 훈계를 할 수도 있다. 이

훈계에 도덕적인 의미가 없을 수도 있다. 그러나 초자아는 그것들을 '해야만 하는 것'으로 받아들이며, 그것들은 죄악감의 근원이 된다. 나중에 이성기에 진정한 양심이 형성되면 우리는 부모의 금지령과 마음에서 싸움을 하게 된다. 그러므로 진정한 도덕적 발달을 하기 위해 이 초자아의 독재에서 자신을 해방시키는 일이 중요하다. 그렇다고 지금까지 받은 모든 가치를 거부하라는 것은 아니다. 다만 그것들을 다시 평가하고, 도덕적 금지령을 하느님과의 폭넓은 관계의 측면에서 재평가해야 한다는 것이다.

어떤 청소년들은 자신이 자라 온 도덕적 틀에 저항하기도 한다. 그들에게는 자유로 가는 유일한 길이 모든 것을 완전히 뒤집어엎는 일처럼 보일지도 모른다. 만일 종교적 가치가 이 독선적인 초자아에 끼어들면, 지나치게 도덕적인 방법으로 제시된 그 종교에 대해서도 반항할 것이다. 그러면 그들이 종교를 버린 것처럼 보일 수도 있지만, 그들은 단지 종교적 가치에 대해 판단을 하려고 무거운 싸움을 하는 것이다. 이 반항이 사라지기 위해선 오랜 시간이 흐를지도 모른다.

도덕적인 생각이 올바른 양심의 결과일 수도 있고 아닐 수도 있다. 옳고 그름을 정서적으로 판단하는 것은 초자아의 작용이다. 진정한 양심은 이성과 믿음의 기초 위에 작용한다.

영적 여정의 상당 부분은 초자아의 영향을 떨쳐 버리는 일이다. 어린 아이에게 한 번 대죄를 지으면 영원히 지옥에 떨어진다는 소리처럼 무서운 이야기는 없을 것이다. 아동은 부모와 선생들에게 받는 종교 교육을 무조건 수용한다. 그 아이는 하느님에 대한 정보를 평가하지도 않으며 정보를 받는 방법에 대해서도 평가하지 않는다. 평가한다 하더라도 자신을 괴롭히는 새 정보를 접하면 거기에 대응할 방법을 강구하려고 한다.

어느 집에 다섯 살짜리 아이가 이상한 행동을 보이기 시작했다. 아이는 무슨 질문을 해도 "모른다."라고만 대답했다.

"이 닦았니?"

"몰라요."

"아침은 먹었니?"

"몰라요."

"엄마에게 안녕히 주무세요, 하고 뽀뽀해 줬니?"

"몰라요."

처음에 가족들은 이 행동을 농담으로 받아들였다. 그러나 얼마 지나자 아이의 이런 행동에 문제가 있음을 느끼기 시작했다. 눈치 빠른 할머니가 나섰다. "아이에게 무슨 문제가 있는 것 같구나. 의사에게 데리고 가 보자."

의사는 아이의 보모가 "거짓말은 대죄야. 딱 한 번 거짓말을 해도 너는 지옥에 간다."라고 말해 주었다는 것을 알아냈다. 그 아이는 자신의 말이 정말인지 아닌지 확신할 수 없었기 때문에 아예 거짓말할 기회를 갖지 않기로 작정하고는, 점점 신경질적인 상태로 변해 가고 있던 것이다. 이 보모는 자신이 종교의 도덕적 가르침을 올바르게 전한다고 생각했을 것이다. 그러나 보모가 훈계를 중단하지 않았다면 그 보모는 아이와 하느님과의 관계에 깊은 그림자를 드리우며, 아이에게 영구한 정서적 손상을 입혔을 것이다. 그리고 이 아동의 영적인 성장은 상당히 지연되었을 것이다.

초자아가 어떻게 작용하는지에 대한 다른 예를 들어 보자. 내가 수도원에 들어갔을 때는 단식이 매우 존중되고 있었다. 모든 수련 기간을 끝내고 수련장직을 맡았을 때, 나는 신입 수련자들의 좋은 표본이 되기를 원했다. 그 당시 수도원에서 충성의 표시는 규율을 완벽하게 지키는 것이었다. 이는 모든 시간 전례를 빠지지 않고, 모든 노동에 참여하며, 단식을 지키는 것이었다. 나는 천성적으로 몸이 좀 약했기 때문에 사순 시기 동안 단식을 면제받지 않고 지낸 적이 드물었다. 수도원에서는 단식을 할 수 없으면 소외되는 느낌이 들었다.

나는 사순 시기 어느 날, 수도원장을 찾아가 단식을 허가해 달라고 청했다. 늘 2주 만에 단식을 중단할 수밖에 없었지만 말이다. 그는 "이 사순 시기 동안에 주님께서 당신에게 바라는 보속이 무엇인지 압니까?"라고 물었고, 나는 "물론입니다."라고 대답했다. 그러자 그는 "몸무게를 10킬로그램 늘리는 것입니다."라고 말했다. 그리고 이 단식 금지령을 강조하기 위해 "아침과 오후 두 번, 식사 시간 사이에 크림 한 잔과 초콜릿을 두 개씩 먹기를 원합니다."라고 덧붙였다.

나는 처음에 '수도원장이 좀 이상한 거 아닌가? 여기가 동호회인 줄 아는 모양이지?' 하고 생각했다. 나는 마음이 상하고, 수도자적 초자아가 발동하여 속에서 여러 가지 말들이 끓어올랐지만 무거운 가슴을 안고 그의

사무실에서 나왔다. 그리고 마음이 내키지 않은 채로 그가 지시한 좀 특이한 명령을 지키기 시작했다.

나는 또 '수련자들이 이것을 알아차리지 못하도록 어떻게 할 것인가?'를 생각했다. 나는 금욕적인 지도력에 대해 그들이 나에게 가진 신뢰를 잃지 않기를 바랐다. 그러나 어찌할 방법이 없었다. 나는 자존심을 모두 창밖으로 던져 버려야 했다. 그들은 단식을 했고 나는 하지 않았다. 나는 사순 시기 동안 충실하게 매일 식사 시간 사이에 크림을 마시고 초콜릿을 두 개씩 꼬박꼬박 먹었다. 결국 몸무게가 5킬로그램이나 늘었다.

수도원장이 나에게 준 선물은 5킬로그램의 무게가 아니라, 단식을 지키면서 온전하지 못했던 나의 집착에 대한 사려 깊은 이해였다. 그가 내린 보속의 방법은 내가 수도자로서 마땅하며 적절하다고 내적으로 지나치게 동일시한 것에서 나를 해방시켜 준 것이었다.

우리는 모두 남편, 아내, 아버지, 어머니로서, 혹은 고용인으로서 적절하다고 믿는 관념을 가지고 있으며 또 자신이 속한 신앙 공동체, 혹은 수도 공동체의 회원으로서 적절한 길이라고 느끼는 관념을 가지고 있다. 이러한 선입견은 우리를 한 가지 방향으로 일하도록 속박한다. 이것이 내가 자신이 소속된 집단의 가치에 과잉 동일시한다고 말하는 것이다. 선입견은 우리가 은총으로 나가는 길을 가로막는다. 관상 기도는 우리의 내적인 자유가 늘어나서 그 선입견과 가치관을 복음에 비추어 다시 평가할 수 있도록 만들어 준다.

자신을 돌아보면 이런 경험이 있을 것이다. 당신이 부모의 가치관이나 어렸을 때 받은 종교 교육을 거스르려고 할 때, 마음 밑바닥에 이를 역행하는 죄의식을 가졌을 것이다. 진정한 죄의식이란 자신의 양심에 거슬러 행동하고 있음을 자각하는 것이다. 즉 당신이 옳다고 믿는 것에 반대로 행동한 것을 깨닫는 일이다.

죄의식은 "이봐, 너는 지금 너의 원칙을 어기고 있어."라고 경고한다. 이때 자신의 잘못을 뉘우치고 "하느님, 용서하십시오."라고 말하면서 즉시 그것을 잊어야 한다. 죄의식이 30초 이상 지속되면 신경 질환적인 상태라고 할 수 있다. 지속적이고도 끈질기게 마음을 묶어 놓는 죄의식은 초자아가 작용한 결과다. 이것은 옳고 그름에 대한 정서적 판단이지, 양심에 따른 진정한 판단은 아니다.

신경 질환적인 자존심은 이렇게 말한다. "봐라, 네가 한 짓을! 너는 도대체 잘하는 게 없어!" 이는 우리가 어느 특정한 일에 잘못을 저지른 것을 나무랄 뿐만 아니라, 자신이 아무 쓸모 없다고 탓하는 것이다. 우리가 자신의 자아상에 미치지 못하면 자부심이 우리에게 유죄 판결을 내리고, 이 판결이 하느님에게서 온 것처럼 잘못 생각해 버린다. 그렇지만 하느님은 "너에게 큰 잘못이 없다. 누구든지 실수는 저지른다. 잊어라."라고 하시거나 아니면 "너를 용서한다. 왜 너는 너 자신을 용서하지 않는가?"라고 말씀하신다.

가족과 나라와 종교에 충성하고 그것에서 받은 모든 것에 감사하는 것이 덕이기는 하지만, 충성이 절대적 가치는 아니다. 그것은 정신 자아적 의식에 의해 깨우쳐져야 한다. 더 성숙된 수준의 의식은 우리가 사는 공동체에 선익을 가져오도록 개인적인 책임을 지라고 요구한다.

신화적 회원 의식의 수준에 있는 정부는 대부분 군주국, 전제국, 아니면 독재국 형태를 갖는다. 정신 자아적 의식 수준에서는 집단에 대한 개인적 책임을 져야 하기 때문에 참여하는 정부 형태를 갖는 경향이 있으며, 거기에서는 자격 있는 사람들의 견해가 폭넓게 참조된다. 그러므로 결론은 모든 사실을 토대로 내려진다. 우리 시대는 사실이 너무 복잡해지고 있다. 어느 결정이든 오늘날에 적합한 결론을 내리려면, 그 결론을 내리기 전에 중요한 문제에 관한 전문가들의 의견을 들어야 한다.

사람 사이에, 그리고 국가 사이에 관계를 좋지 않게 하는 큰 요인은 공포의 정서다. 이것은 우리와 하느님의 관계도 해친다. 하느님과 다른 사람에 대해 두려움을 가지면 우리는 방어적인 자세를 취한다. 하느님을 두려워하는 경우는 우리의 상황이나 체면이 요구하는 한 그로부터 멀어지려고 한다. 다른 사람을 두려워하는 경우에 우리는 그들을 통제하고 그들을 어느 한계 내에 머물러 있게 함으로써 안전함을 얻으려 한다.

'하느님에 대한 두려움'이란 말은 정서적 두려움을 말하는 것이 아니다. 이는 성경에서의 기술적인 용어로 하느님과의 올바른 관계를 뜻한다. 하느님과의 올바른 관계는 그분을 신뢰하는 것이다. 하느님과의 올바른 관계는 하느님의 초월적이심, 무한하심에 대한 존경과 경외를 품는 것과 그분의 선하심과 사랑에 대해 신뢰를 품는 것이다.

'하느님에 대한 두려움'을 마음속에 그려 보기 위해 크리스마스 때에 대형 백화점에 들어간 어린아이를 상상해 보자. 도시의 한 블록만큼이나 큰 건물의 맨 위층이 장난감으로 가득 차 있다. 엘리베이터를 타고 올라와 이 좋은 물건들로 꽉 찬 곳을 보면서 아이의 눈은 점점 커진다. 인형집, 각종 장난감, 썰매, 전기 기관차, 컴퓨터 등 마음속으로 그리던 모든 것이 아이의 눈에 들어오고 이쪽저쪽을 살펴본다. 그 아이는 한꺼번에 이곳저곳을 모두 가 보고 싶다. 그렇지만 너무 흥분해서 어디서부터 시작해야 할지 모른다. 그 아이는 모든 것을 집어 가지고 집으로 가고 싶어 한다.

하느님에 대한 성서적 두려움은 이와 비슷하다. 우리는 마음속에 바라는 모든 것을 가진 신비 안으로 초대받았다고 느낀다. 이때 우리는 무지에 대한 두려움보다는 '궁극적 신비'(즉 하느님)에 대한 황홀경을 경험할 것이다. 그리고 사방으로 끝없이 열려 있는 하느님의 현존을 사로잡거나 아니면 그 현존에 사로잡히기를 원하게 된다.

이러한 점을 강조하는 사례를 보자. 영국의 대주교 바실 흄 추기경에 관한 이야기다. 그는 엄격한 집안에서 자랐다. 하루는 그의 어머니가 자녀들을 가르치기 위해 모든 아이를 불러 놓고 선반에 있는 작은 항아리를 가리키면서 말했다. "이 항아리가 보이지? 나는 너희들이 식사 후에 이 항아리에 손을 넣기를 원치 않는단다. 이것은 미사 후에 후식으로 먹을 거란다." 그러면서 그 어머니는 그들을 단단히 제재하기 위해 이렇게 덧붙였다. "하느님은 언제나 너희들을 보고 계시단다." 그 아이들은 무서워 움찔하였다. 그때까지 하느님을 매우 신뢰해 왔던 어린 바실은 그때부터 하느님을 언제나 자신의 잘못을 감시하는 경찰과 같은 이미지로 생각하게 되었다. 이러한 건전치 못한 하느님에 대한 두려움으로 그의 영적 성장은 20년 내지 30년이 늦추어졌다.

좋은 의도임에도 불구하고 부모와 선생은 자신들이 만들어 낸 제재를 때때로 하느님께 돌린다. 하느님은 열 가지 계명밖에 주지 않으셨다. 더 이상 추가하지 말자. 누가 만일 그 이상의 계명을 추가하려면 자신에게 그 책임을 묻고, 하느님께 그 책임을 돌려서는 안 된다.

후에 젊은 바실은 베네딕도 수도회에 들어갔다. 거기엔 어머니가 주었던 규칙보다 더 많은 규칙이 있었다. 그는 그것들을 같은 이유로 잘 지켰으리라고 본다. 즉 아주 작은 잘못도 잡아 내시는 하느님에 대한 두려움 말이다.

만일 그가 수도원에 왔을 때, 내가 그의 상담을 맡았더라면 나는 이렇게 질문했을 것이다. "여기에 온 동기가 무엇입니까? 당신은 가족과 친구, 직업, 그리고 그 좋은 머리로 할 수 있는 모든 일을 버려야 할 것입니다. 어려서 경찰이나, 독재자, 혹은 인정 없는 판사로 생각해 온 그 하느님을 회유하려는 것이 가장 큰 동기는 아니겠지요?"라고 말이다.

그 추기경은 이야기를 마치면서 이렇게 말했다. "나는 하느님에 대한 나의 태도를 완전히 바꿀 수 있는 특별한 은총을 받았습니다. 내가 어린 아이로서 식사 후에 그 과자 항아리에 손을 넣었을 때, 정말 하느님께서 보고 계셨더라면 그분은 이렇게 말씀하셨을 겁니다. '아가야, 하나 더 집으렴.'"

나는 이것이 그리스도인의 하느님이라고 생각한다. 나는 이와 다른 하느님을 모르며, 또 알고 싶지도 않다. 그러한 하느님은 진정한 하느님을 풍자했을 뿐이며, 예수 그리스도가 '아빠'라고 부른 하느님이 아니다. 예수님이 부르신 하느님은 모든 이를 무한히 돌보시며, 우리에게 나타내 보이시고 무한한 사랑으로 우리를 감싸 주시는 하느님이시다. 바로 이러한 말이 아이들에게 필요하다.

세상을 바라보는
태도를 바꿀 기회

유아기부터 고정 관념화된 가치관들이 강력히 구축되고 나면, 이성으로 판단하는 나이가 되어 정신 자아적 의식이 일어나도 이전에 가졌던 정서적, 사회적 태도들을 자유로이 평가하지 못한다. 그렇기 때문에 이제 새로이 발견한 지적인 힘을 정서 프로그램이나 그 사회의 잘못된 가치관을 합리화하고 정당화하고 더 나아가 미화하는 데 사용하기도 한다.

우리는 다른 모든 사람과 모든 현실을 솔직하게 그리고 동정심을 가지고 대하도록 발전하는 대신, 이성적 의식의 창조적인 힘을 사용하여 사람들을 조종하는, 더욱 복잡한 방법들을 발전시키고 삶에서 더 큰 쾌락을 얻으며 더 많은 안전의 상징을 쌓으려 한다. 그리하여 어린이에게는 적합했으나 성인에게는 전혀 적합하지 않은 자기중심적 행동 동기를 더욱 강화한다.

우리의 병리를 단순히 말하면, 신성한 일치를 즐기지도 못하고 그것에 대한 인식도 전혀 없으면서 온전한 사색적 자아의식을 갖게 된다는 것이다. 경험으로 신성한 일치에 대한 확신을 얻을 수 없기 때문에 연약한 자아는 하느님과 다른 사람들에게 떨어져 있다는 괴로운 감각을 떨쳐 버리기 위해 온갖 수단을 강구한다. 하느님에게서 떨어졌다는 감각이 주는 해독적인 성향을 아우구스티노 성인은 원죄의 결과라고 기술했다.

에덴동산 이야기는 선선한 저녁에 하느님이 아담과 하와와 말씀을 나누시는 멋진 모습을 보여 준다. 하느님과 친밀한 관계를 가지고 자연의 힘과 조화를 이루는 살아 있는 이미지다. 이러한 진정한 낙원은 어느 장소를 뜻하는 것이 아니라 의식의 상태를 나타낸다. 첫 번째 조상이 하느님과 친밀한 관계를 향유하는 동안에는 모든 피조물과도 친했었다. 그러나 친밀한 관계를 잃어버리자마자, 곡식 대신에 가시나무가 돋아나고 손상된 인간 본성이 갖는 모든 질병이 찾아들었다.

이러한 이미지는 우리의 심리적인 인식의 경험을 반영한다. 에덴동산에서 아담과 하와가 즐겼던 하느님과의 친밀함을 갖지 못한 채, 우리는 온전한 사색적 자아의식을 갖게 되었다. 우리는 하느님과 다른 사람, 그리고 우주와 하나라는 느낌을 갖지 못한다. 또한 불완전함과 두려움을 느끼기 때문에 우리의 연약한 자아 정체성을 부추겨 세우기 위해 안전과 애정, 힘에 대한 상징을 찾으려 든다.

요한 복음사가는 '말씀이 사람이 되심'을 말할 때, 하느님이 원죄 이전의 이상적인 상태의 인간 모습으로 오시지 않고, 고난과 죄와 죽음의 상태에 있는 인간 모습으로 오셨다고 말한다.

십자가에 달리신 예수님은 인간이 정신 자아적 의식 상태에 도달했을 때 인간 조건을 보여 주는 철저한 예다. 우리는 동물 상태의 원시적인 무죄 상태나 무책임 상태로 되돌아갈 수 없고, 자신의 힘으로 더 높은 수준의 의식 상태로 올라갈 수도 없다. 하늘과 땅 사이에서 십자가에 달리신 예수님처럼 우리는 땅에서도, 하늘에서도 거부당했다. 예수님은 제자들에게 이전의 의식 상태로 되돌아가지 말고 앞으로 온전한 인격의 상태로 나아가, 자신과 관계에 완전한 책임을 지고 아빠, 아버지라고 부르는 '궁극적 실재'[12]에게 자신을 열라고 촉구하신다.

이와 비슷하게 예수님은 행복을 찾는 방향을 바꾸고, 내적 자유와 자아 초월로 열린 새로운 인간성으로 나아가라고 우리를 초대하신다. 현재의 진화적 발전 단계에서 인간이 당면한 일차적인 문제는 완전한 인간이 되는 것이다. 그러나 우리가 보았듯이, 그것은 어렸을 때에 억압되었던 하느님과의 연대성을 재발견함을 뜻한다.

신화적 회원 의식 수준에서 다른 사람에 대한 관심은 일차적으로 자신의 개인적인 안전, 존중, 그리고 힘의 구축이 동기가 될 것이다. 그렇지만 정신 자아적 의식 상태에 도달하면 우리의 기본적인 태도는 변화한다. 단순한 자기 관심에서 벗어나 가족, 나라, 세상과 같은 더 큰 것에 대

---

12   무한한 잠재력과 활성화의 바탕으로써 신적 초월을 강조하는 용어.

한 관심이 동기를 이룬다. 우리의 개인적인 동일시는 소속 집단과 그 집단의 반응과 연관되어 있다. 정신 자아적 수준은 뇌의 기능이 생물적으로 발달하여 추상적인 사고를 할 수 있는 12세에서 14세 정도에 나타나기 시작한다. 이렇게 새로운 수준에서 관계를 맺는 일은 어려움을 겪으면서 이루어진다. 이미 그들에게 낮은 가치관과 자기중심적 행동 동기가 강하게 자리 잡고 있어서 성장하는 데 방해되기 때문이다.

예수님은 이 정신 자아적 수준을 말씀하셨다. 예수님이 모세의 첫 번째 계명을 재확인하시면서 두 번째 계명으로 "네 이웃을 너 자신처럼 사랑해야 한다."(마르 12,31)라고 덧붙이셨을 때, 모든 이를 그리로 초대하신 것이다. 철학적인 언어로 말한다면, 이 계명은 우리가 타인의 권리와 욕구를 존중해야 한다는 것이다. 이것이 예수님 가르침의 출발점이었다. 그분이 서로 사랑하라고 덧붙인 두 번째 계명은 앞으로 나아가 더 높은 행동 동기로 옮겨 가라고 하신 것이다.

이와 관련된 그리스어의 두 단어가 있다. 신약 성경에 나오는 표현으로 그리스도교 계시에 매우 의미가 깊다. 사륵스Sarx는 인간의 현재 발달 단계에서 육신과 정신이 생존하는 것에 얽매여 있는 상태를 말한다. 소마Soma는 초월로 열린 육신을 말한다. 사륵스는 '옛 아담'이며, 바오로 사도에 따르면 거짓 자아로서 남의 권리와 욕구를 희생하면서까지 자신을 보존하려고 하는 자아를 말한다. 소마는 초월적인 요소를 가진 새로운 아담이다. 이 초월적 요소란 그리스도가 온 인류를 자신 안에 받아들임으로써 인간에게 가져다 주신 것이다. 이로 인해 인간이 완전함과 신성한 일치로 밀고 나갈 수 있게 되었다. 소마는 온전한 정신 자아적 의식의 출현이며 인간이 앞으로 더 발달하는 길을 열어 준다.

정신 자아적 의식은 우리의 행동과 관계에 대하여 도덕적인 책임이 온전하게 출현하는 수준이다. 진정한 양심의 수준이며, 옳고 그름을 관념적인 정도가 아닌 올바르게 구별하는 능력을 갖춘 수준이다. 그러므로 이제 개인적인 죄는 더욱 심각해진다. 기본적으로 개인적 죄란 행복을 위한 정서 프로그램과 문화적 조건의 가치는 인정하면서도, 다른 사람의 권리와 욕구 그리고 자신의 참다운 선함을 도외시하는 것을 말한다.

정신 자아적 의식 수준에 알맞은 성향은 나와 다른 인간이 동등하다는 감각이 자라고, 지구와 거기에 사는 생명과 무기질들을 돌보고 보존하는 책임을 지고, 하느님과 더 성숙한 관계로 나아가는 것이다. 다른 사람에 대한 존중이 자라면서 그들을 조종하고 지배하려는 욕망은 줄어든다. 무한 경쟁은 협조로 바뀐다. 융통성 없는 가치관은 조화로 대체한다. 절대적인 자기 이익 혹은 국가 이익을 주장하는 대신에 타협을 찾게 한다. 다른 사람들과 평화로이 사는 것이 더 중요해지는데, 물론 어떠한 대가를 치르면서 하는 것은 아니다. 온전한 정신 자아적 의식으로 나아가는 것이 하느님과의 일치를 발견하고 발전시키는 중대한 모험으로 이끌어 가는 문이다.

이러한 모험을 받아들이는 사이에, 인간은 '직관적 의식'[13]의 수준으로

---

13 추리적 사고를 넘어선 의식의 수준으로써 경쟁보다는 타협으로 해결하는 것이 특징이다.

성장하게 된다. 정신 자아적 단계에 심어진 좋은 성향들이 꽃을 피우기 시작한다. 자신이 우주에 속해 있다는 감각과 다른 사람과 하나라는 감각이 뿌리를 내린다. 동정심은 다른 이의 권리와 욕구에 대한 존중 이상으로 초월하며 나간다. 직관적인 뇌 활동이 증가하고, 성찰과 영적 위안과 선물이 많아진다. 그러나 거짓 자아는 아직도 이러한 선물을 자신의 자아로 끌어들여 영적 자만심의 동기로 만들기도 한다. 그러므로 섬세하게 작용하는 행복을 위한 정서 프로그램을 성령의 움직임과 분별하기 위해 무의식의 정화와 자기 인식의 성장이 필요하다.

하느님의 선물,
탄생에서 죽음까지

우리의 본능적 욕구는 점점 행복을 위한 정서 프로그램으로 자라난다. 진정한 안전, 우리의 기본적인 선함에 대한 가장 심오한 확인, 그리고 진정한 자유를 주는 신의 현존을 체험하지 못했기 때문이다. 하느님이 우리 안에 현존하신다는 사실조차 모르고 있었기 때문에 그 현존만이 줄 수 있는 안전과 확인과 자유를 다른 곳에서 찾아야 했던 것이다. 영적 여정은 하느님의 현존과 모든 실재에 대하여 동의하는 훈련이다. 근본적으로 이것이 진정한 겸손의 의미다. 하느님은 우리가 어렸을 때, 우리를 둘러싸고 있던 환경 때문에 아동기와 그 후에 자라면서도 할 수 없었던 동의를 성장하는 과정 중에 동의하라고 우리를 부르신다.

이것은 우리를 은총의 긍정적 면에 커다란 빛을 비춰 주는 영적 여정의 표본으로 안내한다. 그 은총은 전 생애에 있었던 정서적 손상을 치유할 뿐만 아니라, 우리가 회개를 시작하는 시초부터 무조건적인 사랑의 길로 들어서도록 힘을 준다. 예수님이 "내가 너희를 사랑한 것처럼 너희도 서로 사랑하여라."(요한 13,34) 하고 말씀하셨을 때 신성한 일치를 이루는 이 방법을 강조하신 것이다.

   신학자 존 S. 던은 영적 여정이 출생에서 사망에 이르는 삶의 과정과 상응한다고 했다. 하느님은 우리에게 발달의 중요한 각 단계에서 그 연령에 맞는 동의를 하도록 요구하신다. 던이 제시한 것을 살펴보자.

   아동기에 하느님은 우리 본성이 갖는 기본적인 선함에 모두 동의하도록 요구하신다. 아동기에 우리는 자신의 기능을 체험하고, 상상과 기억과 언어를 발전시키며, 가족과 또래 친구와 관계 맺는 것을 배운다. 이러한 기간 동안 하느님은 우리 존재가 하느님의 선물로서 기본적으로 선하다는 사실을 받아들이고 거기에 대해 감사하라고 요구하신다. 우리의 선함을 받아들인다는 것은 우리가 무엇인가를 할 수 있고 또 남보다 더 무엇을 잘한다는 것을 뜻하는 것이 아니라, 우리가 무엇을 하기 이전에 우리의 존재 자체가 선하다는 것을 말한다.

   그러나 불행하게도 아동기의 환경이 공포와 거부로 둘러싸여 있고 부모가 정서적으로 상반된 태도를 계속 보여 주거나, 신체 장애로 무거운 짐을 지고 있으면, 삶이 선하다는 사실에 온전히 동의하는 데 주저하게 된다. 생존하기 위한 생물적 욕구 때문에 보통 이렇게 주저하게 된다. 우리는 연약한 자아상을 떠받치면서 살아가지만, 우리 삶에 대한 상반적 태도¹⁴를 그냥 간직한 채 삶의 다음 단계로 넘어간다.

청소년기에 하느님은 우리 재능과 창조적 에너지를 활용함으로써 자신의 존재가 완전히 발달하는 것을 받아들이라고 요구하신다. 이때에는 더 폭넓은 신체적인 에너지를 발휘하여, 다른 사람과 관계 맺는 능력이 자라고 아동기의 고립된 세계에서 탈피하여 자신과 나른 이와의 관계에서도 스스로 책임을 지기 시작한다. 인간적인 조건이 사람에 따라 다르므로 어떤 청소년들에게는 그들의 정서가 이것을 다룰 힘이 생기기 전에 성적 욕구가 일어나기도 한다. 그런 경우에 성적 욕구와 그 표현에 대한 태도가 왜곡될 수 있다. 인간관계는 더욱 어렵고, 나아가 우리의 성적인 욕구, 창조적인 잠재력이 선한 것이라는 사실에 대하여 온전히 동의하기를 주저한다.

위험하다고 느끼는 어떤 정서가 일어나면, 두려움 때문에 그 정서를 무의식 속에 억압해 넣는다. 거기서부터 그 정서는 신체적인 질병이나 불건전한 행동의 형태로 나타난다. 영적 여정에서 우리는 거짓 자아를 무너뜨리도록 초대된다. 그 과정의 일부가 자신을 억압하는 심리 기제를 무너뜨리는 것이다. 하느님에 대한 신뢰가 자라면, 심리적 방어 기제는 더 이상 생존하는 데에 기본 수단이 되지 못한다. 그리고 억압되었던 것들은 무의식의 비밀 장소에서 떠올라 온다. 하느님은 이러한 일이 생기도록 허용하시는데, 그렇게 함으로써 그분은 우리가 선하지 않은 것이라

---

14 원하면서 동시에 원하지 않는, 좋아하면서도 동시에 싫어하는 것과 같은 태도. — 역자 주

고 잘못 알아 온 것들을 포함한 선한 모든 것을 우리의 발달 과정에 융합시킬 또 다른 기회를 주시기로 결심하셨기 때문이다.

영적 여정에 오른 사람 중에, 자신의 성적인 감정을 억압하고 거부하여 고통받은 경우 정서적 발달이 왜곡된 것을 많이 본다. 이렇게 성적인 감정을 억압한 사람들은 다른 사람을 진정으로 따뜻하게 대하는 것에 어려움을 겪는다. 성적인 욕구는 다른 사람에게 애정과 온정을 가지고 봉사하게 하는 동기를 지탱해 준다. 그러므로 성적인 감정이나 이와 관련된 정서를 억압한 사람들은 모든 정서를 억압하는 경향이 있다. 이는 그 사람에게 다른 사람들을 지원하고 인정하면서 관계 맺는 능력이 제한되어 있음을 뜻한다. 성적인 욕구를 억제할 수 없게 될지도 모른다는 두려움 때문에 그들은 방어적으로 행동한다. 어떠한 친밀한 관계의 표현도 즉시 불안감을 주기 때문에 그들은 다른 사람들과 가까워지기를 피한다. 그 이후의 삶에서 이러한 성적인 욕구는 그 방어 기제를 뚫고 나와 사춘기 때보다 두 배나 강한 힘으로 나타날 수도 있다. 중년기에 격정적인 성적 감정에 부딪치면 몹시 해롭다.

성년기에 하느님은 우리가 질병과 늙어 가는 것과 죽음을 보면서, 세 번째 동의를 하도록 초대하신다. 우리의 비존재[15]와 자아 소멸[16]에 대해서 말이다. 친구나 친척의 사고나 죽음을 보면서 자신의 죽음에 대해 숙

---

15   인간의 존재는 결국 보잘것없음. ─ 역자 주
16   자신이 정신적으로 육체적으로 쇠약해 가며 결국 죽어 없어짐. ─ 역자 주

고하도록 우리를 부르신다. 대부분 문화에서는 죽음이 존재하지 않는 듯 위장하는 방법들을 만들어 낸다. 이러한 일이 있을 때 그들은 동원할 수 있는 모든 위장법을 동원하여 죽음을 덮어 두려 한다.

우리의 비존재성을 받아들인다는 것은 죽음이 가져오는 사멸 그 자체가 아니라 죽음으로 오는 결과, 즉 이 세상에서 우리가 사랑하던 모든 것을 떠나보내는 것을 말한다. 우리가 어릴 적에 부모의 사망 같은 극단적인 상실로 고통을 받았으면 죽음에 대해 지나치게 두려움을 가질지 모른다. 그러면 이것에 동의하기를 주저한다. 그뿐만 아니라 우리가 이전 단계에서 해야 할 동의들을 하지 않은 상태에서는 이에 대해 동의하는 것이 더욱 어렵다.

네 번째 동의는 변형에 대한 동의다. 이것만큼은 누구나 바라는 동의라고 생각할지도 모른다. 그러나 거룩한 사람들까지도 "너무 서두르지 맙시다."라고 말하곤 한다. 변형하는 일치는 거짓 자아의 죽음에 우리가 동의할 것을 요구하는데, 이 거짓 자아가 우리가 아는 유일한 자아다. 그렇게 하는 것이 매우 불편하고 싫은 일이긴 하지만, 우리가 거짓 자아를 무너뜨려야 한다는 사실도 잘 아는 것이다. 어떤 사람들은 신체적인 죽음보다도 거짓 자아의 죽음을 더 두려워한다.

이러한 네 가지 동의는 삶과 죽음을 하느님의 은혜로운 선물로 환영하라는 초대이며, 무한한 아름다움과 잠재력을 가진 이 우주 안에 인간 구성원이 된 거룩한 직분에 대해 감사하라는 초대다. 그러나 우리의 동의는 삶의 좋은 것들 자체를 위하여 하는 것도 아니고 동의하는 것에서 끝나도록 하려는 것도 아니다. 그렇게 하는 것은 우상 숭배와 같다. 행복을 위한 정서 프로그램은 생존과 안전, 애정과 존중, 그리고 권력과 통제의 상징을 찾는 것이 목적이다. 우리가 행복을 위한 어떤 프로그램에 지나치게 고착하면, 이러한 상징을 절대적인 것으로 취급한다. 말하자면 이 상징을 하느님 대신으로 삼는 것이다. 어느 정도의 안전과 쾌락과 독립을 얻는 것에 만족하지 않고, 한계를 가진 것에서 절대적인 행복을 쥐어짜려고 하지만 이는 불가능한 일이다. 그렇게 되면 우리는 즉시 절망과 좌절을 경험한다.

이렇게 점진적으로 동의해 가는 훈련이 바로 하느님 사랑을 배우는 것이다. 하느님은 이 훈련을 통해 우리가 인간의 상상으로 내다볼 수 있는 모든 것을 초월하는 방법으로 우리와 신성한 생명을 나누고자 하는 당신의 계획을 받아들이라고 부르신다. 동의 자체가 목적이 아니다. 그 속에 있는 하느님의 뜻에 동의해야 한다. 우리는 그분이 주시는 선물을 즐기면서 또 이것을 바치면서 하느님과 하느님의 뜻에 동의해야 한다.

각각의 동의에는 일종의 죽음이 있다. 아동이 청소년기로 가기 위해서는 아동기에서 벗어나야 한다. 그리고 성인의 세계에 들어가기 위해 청소년기에서 완전히 벗어나야 한다. 우리는 대부분 우리가 성장한다는 원칙에는 반대하지 않는다. 그러나 실제로는 우리가 신체적으로, 또 지적으로 성장하면서도 아동기 때의 가치관에 매달려 있다. 하느님의 뜻에 동의한다는 것은 우리가 지나온 삶 어느 때의 가치관을 전면으로 거부하라는 뜻이 아니라, 단지 그것들이 가진 한계를 뒤로 남기고 앞으로 나아가라는 뜻이다.

그러므로 어린이의 단순성, 무죄성, 대상을 매혹적으로 감각하는 것, 감각적 경험의 즉각성 같은 것들은 우리 전 생애를 통하여 지녀야 할 자질이다. 그러나 어린이가 화내는 것과 무지성은 뒤로 남겨 두어야 한다. 그와 마찬가지로 청소년기의 모험 정신, 개인적인 주체성과 관계의 추구 같은 가치들은 전 생애를 통해서 가지고 가야 할 가치들이며, 사춘기의 정서적 혼란과 개인 주체성 확립에 따르는 불안감만은 뒤로 남겨야 할 것들이다.

진정한 금욕주의는 세상을 거부하는 것이 아니라 선하고, 아름답고, 진실한 모든 것을 받아들이는 것이다. 이는 우리의 기능들을 활용하는 것을 배우고, 세상의 좋은 것들을 이기심의 표현이 아닌 하느님의 선물로 받아들여 이것들을 잘 활용하기 위해 배우는 것이다.

기본적인 금욕은 인간 발달 단계에 있는 선한 모든 것에 감사하면서, 각 수준에서의 진정한 가치를 다음 수준으로 융합해 가는 것이다. 융합이란 경험을 통일시키는 것이다. 우리가 현실과의 관계성을 새로운 시점에서 바라보며 그 이전에 가졌던 모든 것을 합성하는 것이다. 이러한 융합의 형태는 정신 자아적 의식 수준을 지나, 그 이상의 인간 발달 단계까지 지속된다. 우리가 영적 여정을 시작할 때에 적절했던 좋은 것들이 의미 있는 가치를 가지지만, 좀 더 하느님과 친밀한 관계로 나아갈 때에는 그것들을 떠나보내야 한다. 이전에 있었던 영적 위안을 부인하지는 않지만, 그것에 더 이상 의존하지 않게 되며 그 위안이 없어지더라도 그 이전에 했던 것처럼 반응하지는 않는다. 우리는 하느님이 만드신 모든 것, 그리고 하느님이 하시는 모든 일을 사랑함으로써 하느님을 사랑한다.

우리가 만일 아동기, 청소년기, 성년기에 적합했던 동의를 하지 못했다면, 이후에 하느님 은총의 영감 아래 그렇게 하도록 초대받는다. 하느님은 우리가 아동기나 청소년기, 혹은 우리가 회개한 초기에 한 판단(자신이 받은 선물이 선하다는 사실을 거부하게 만들었던 생각)을 다시 고려하라고 초대하신다. 그분은 또 우리가 가졌던 주저함을 다시 바라보도록, 이전에 가졌던 경직된 태도는 정서적으로 충격적이었던 사건이나 관계를 다룰 수 없었기 때문임을 깨닫도록 초대하신다.

이제 그분은 우리에게 삶이 주는 합당한 쾌락, 우정의 가치, 재능의 발휘, 자연의 사랑스러움, 예술의 아름다움, 활동과 휴식을 즐기는 것을 모두 받아들이라고 요청하신다. 하느님은 창조, 특히 생명을 가진 것에 대해 대단한 지원자이시다. 예수님은 "나는 양들이 생명을 얻고 또 얻어 넘치게 하려고 왔다."(요한 10,10)라고 말씀하실 때, 이 점을 강조하셨다. 풍성한 생명은 신성한 일치이며 그 일치에는 모든 것을, 그 자체가 목적이 아니라 하느님께로 나아가는 디딤돌로 이용할 능력이 포함되어 있다. 그러나 이러한 상태에 도달하려면 처음 세 가지 동의를 하려는 의도를 가지고 있어야 한다.

하느님의 창조에 동의하고, 인간으로서 우리가 기본적으로 선함에 동의하고, 이 세상에서 우리가 사랑하던 것을 떠나보내는 일에 동의하면, 우리는 마지막으로 순종의 단계에 도달한다. 즉 우리의 거짓 자아가 죽고 참자아가 태어나게 하도록 허용하는 것이다. 참자아는 각자의 독특성 안에 나타나는 신성한 생명에 우리가 동참하는 것이라고 표현할 수 있다. 하느님은 우리가 이 시점에 도달하는 데 여러 가지 길을 쓰신다. 이것이 초기 성년기에 일어날 수도 있지만, 그렇지 않으면 삶의 다음 단계들에서 이렇게 되도록 할 수도 있다.

중년기 위기 중에는 매우 성공한 사람들까지도 그들이 무엇을 성취했는지 의문을 갖는 경우도 있다. 그 후에 우리는 신체적인 쇠퇴, 질병, 그리고 노년기의 쇠약함을 경험한다. 이렇게 죽어 가는 과정에서 일어나는 일들이 아마 하느님께서 우리가 이전에 저질렀던 모든 실수를 바로잡고, 또 우리가 놓친 기회를 다시 잡도록 해 주시는 것인지도 모른다. 무엇보다 우리 자신이 하느님께서 주신 선물임을 받아들이고, 그것에 동의하라는 가장 큰 기회인지도 모른다.

2

하느님과 일치하기 위한
영적 가르침

하느님의 현존을
떠올리게 하는 이

버니 오쉬아 수사의 이야기는 자신의 존재와 본성의 기본적인 선함에 동의하는 것이 실제 생활에서 어떻게 보이는지 말해 주는 좋은 예다.

버니는 고등학교를 졸업하고 바로 수도원에 들어왔다. 그는 온화하고 정이 많았으며, 친밀한 인간관계를 갖는 것을 매우 즐겼다. 당시에는 완전한 침묵으로 사는 철저한 규율 때문에 트라피스트 수도원은 공동체 안에서도 은수자처럼 생활했다. 버니가 수도원에 들어오기 전에 이것의 의미를 알았을지는 모르겠다. 어쨌든 그는 환하게 웃는 미소와 기쁨에 넘치는 태도, 춤추듯 걷는 걸음걸이를 가지고 수도원에 들어왔다. 들어오자마자 그는 다른 모든 수련자와 친해지려고 했다. 의사소통을 하려면 몸짓 언어만 사용해야 했기 때문에 그는 200가지의 몸짓 언어를 하루 만에 배웠다. 그러고는 기회가 주어지기만 하면 그것들을 사용하곤 했다.

가장 좋은 기회는 누군가 수련원에서 수도원으로 들어가는 문을 열어 주어, 그가 그 문을 통과할 때였다. 버니는 이 기회만 엿보고 있었다. 그때마다 그가 '감사하다'는 몸짓을 할 수 있기 때문이었다. 이 몸짓을 하기 위해, 우리는 오른손 손가락 끝을 입에 대고 키스하는 시늉을 하곤 했는데 소리를 내면 안 되었다. 버니는 누구든 그에게 문을 열어 주면 매우 즐거워했다. 그는 투수가 강속구를 던지려는 동작과 같이 오른손을 휘두르고는 손가락을 입에 딱 갖다 대고, 큰 소리를 내며 키스하고는 미소를 띠고 상대방의 눈을 똑바로 들여다봤다. 처음 그것을 받았을 때는 굉장한 기분이었지만 그가 하루에 서너 번씩 그러자, 그가 오는 것이 보이면 부담스러워져 그를 피해 다른 방향으로 가고 싶을 정도가 되었다.

장상들은 그가 사회성이 강한 것을 알아차리고, 평수사로 있는 것이 더 좋겠다는 결론을 냈다. 그 소명에서 그는 실제적인 봉사를 제공할 기회가 더 많았기 때문에 몸짓 언어의 기회가 더 많이 주어졌고, 때로 하는 일에 있어서 필요한 경우에는 간단히 말할 기회도 가졌다. 장상들은 그에게 요리하는 일이 적합하리라는 결정을 내렸다. 하지만 그것은 버니에게 그리 쉬운 일이 아니었다. 그에게 요리하는 일은 요리법을 한 장 한 장 베끼고 모든 자질구레한 지시 사항까지 모두 익히는 것을 의미했다.

이 공동체가 로드아일랜드주의 밸리 폴에서 매사추세츠주의 스펜서에 있는 한 낙농 농장으로 옮기로 결정했을 때, 버니는 그곳에서 외양간을 수도원으로 개조하는 일을 맡은 두 수도자를 위해 요리사로 그곳에

갔다. 수도원에 온 이후 처음으로 수도원 밖의 사람들을 접촉할 기회가 주어진 것이다. 그의 타고난 친절한 성격 때문에 이제 더 넓은 활동 범위가 주어졌다.

1950년 로드아일랜드에 있는 수도원을 몽땅 태워 버린 사건이 발생한 후, 스펜서에서 책임을 맡은 신부를 대신해 내가 그곳에 가게 되었다. 공동체가 즉시 다시 입주할 수 있도록 버려진 야영장을 개조하는 데 신부가 필요했기 때문이다. 나는 바로 1년 전에 사제품을 받았기 때문에 열정을 가지고 그곳에 도착했다.

전 농장 주인과 그 가족은 아직도 그곳에 살고 있었다. 버니는 이미 그 부인과 친했다. 그들은 요리법을 교환하는 재미를 느꼈고, 둘 다 음악을 좋아했으며, 장식하기를 좋아했다. 어느 날 내가 산책을 나간 사이에, 그들은 함께 창문에 커튼을 달고 마루에 양탄자를 깔고는 창턱에 자질구레한 장식들을 달아 놓았다. 나는 돌아와 이것을 보고는 기절할 지경이었다. 그 당시 트라피스트는 아주 단순한 생활을 하는 것이 특징이었다. 우리는 으레 나무 의자에 앉았다. 이전의 수도원에서는 의자에 등받이를 달거나 창문에 커튼을 달거나, 마루에 양탄자를 놓는 일 따위란 있지 않았다. 나는 "이건 정말 트라피스트 정신과 정반대야." 하고 혼잣말을 했다. 나는 내가 이곳에서 규칙을 지켜야 하는 사람이라고 느꼈다.

며칠 후 버니가 산책을 나간 사이에 모든 커튼과 양탄자와 장식품을 치워 버렸다. 그가 돌아와서 그 처절한 광경을 보았을 때, 아마 그의 가슴은 찢어지는 느낌이었을 것이다. 그러나 나는 책임자였기 때문에 버니는 그 결정을 그대로 견뎌야 했다. 다행히도 그는 그 후 얼마 안 가서 다시 로드아일랜드로 옮겨 갔고 나의 가혹한 지배에서도 벗어나게 되었다.

트라피스트 수도회에는 어떤 종류의 즐거움도 인정하지 않는 전통이 내려오고 있다. 단순한 쾌락의 즐거움도 세속적인 생활로 다시 되돌아가는 것이라고 간주했다. 버니는 예술과 음악과 꽃, 석양과 사람들을 좋아하는 것이 왜 잘못된 일인지 이해할 수 없었다.

1950년대 후반, 콜로라도주에 새로운 수도원을 열려고 했을 때, 수도원장은 그곳에서 건축 일을 하는 수도자들을 위해 요리사로 버니를 보냈다. 버니가 요리책으로 가득 찬 짐을 가지고 아름다운 로링포크 골짜기에 도착했을 때, 그는 산과 구름, 밤하늘에 가득한 별과 로키산맥의 봄철에 매료되었다. 버니보다 그 골짜기를 더 좋아한 사람은 없었다. 꽃들은 그를 매혹시켰다. 그는 민들레에도 황홀해했다. 어떤 사람들은 그의 행동이 가식적이라고 생각했다. 그러나 사실 그렇지 않았다. 그 후 내가 스노매스에 갔을 때, 그는 늘 이렇게 말했다. "하느님은 꽃을 통해 저에게 말씀하십니다. 거기에 잘못된 것이 있습니까?" 나는 "아무것도 잘못된 것은 없는 것 같네."라고 답하곤 했지만, 실은 거기에 동의하지는 않았다. 나는 그의 우선순위가 잘못되었고 그가 기도와 영적 독서, 보속의 실천에 더 관심을 가져야 한다고 생각했다.

실제로 버니는 성경을 열심히 읽었지만 다른 독서에는 관심이 없었다. 그는 때때로 몇 줄의 복음이면 자기에게 충분하다고 말하곤 했다. 그러고는 숲으로 가거나 산에 올라가기를 좋아했고, 거기서 구름과 꽃, 엘크

와 호저, 때로 독수리를 바라보곤 하였다.

버니의 사회적 성향은 엄격한 침묵 규율 때문에 제한을 많이 받았다. 그는 가끔 파티를 하는 것이 왜 나쁜지 이해하지 못했다. 그러나 이 당시에 파티는 매우 드물었다. 크리스마스에 캐럴을 부른 것이 놀랄 만한 변화였던 때가 생각난다. 우리 수도원장은 당시에 좀 앞서가는 분이었기 때문에 어떤 대축일에는 아이스크림을 먹도록 허락했는데 그것도 수도원 식당에서 침묵 속에 먹어야 했고 그나마도 그런 일은 드물었다.

버니는 때때로 수도자의 삶에 관해 자기와 수도원의 생각이 다르다는 것을 인식하고는 깊은 회의를 토로하곤 했다. 그는 수도 생활의 높은 가치는 공동체 생활이며, 형제들을 사랑하고 그들에게 봉사하는 것이 이 가치를 표현하는 가장 좋은 길이라고 느꼈다. 그래서 그는 공동체 안에서 은수적 생활을 하는 이유를 이해하지 못했다. 그는 고독을 인정하긴 했지만, 침묵은 좀 지나치다고 생각했다. 그래서 좀 더 의사소통의 기회가 주어져야 한다고 느꼈다. 그렇지만 그는 현상을 그대로 받아들이고 요리를 계속하면서 그러한 공동체를 즐겁게 받아들이기 위해 노력하였다. 스노매스에서 3년 반이 지난 뒤, 나는 본원의 수도원장으로 선출되어 스펜서로 돌아갔다.

제2차 바티칸 공의회 이후, 모든 수도원은 현대의 조건들과 또 설립자의 영성을 바탕으로 그 규율들을 다시 검토해야 했다. 트라피스트 수도회에도 급격한 변화가 왔다. 침묵의 규칙은 수정되었고, 그때까지 불변했던 규칙들은 하급 수도원의 원장에게 그 재량권이 주어졌다. 그리하여

축제나 등산 같은 것이 허용되었다.

버니는 이러한 변화를 수도원에 대한 자신의 의견이 실행되고 있다고 확신했다. 여러 해 동안 수도원 안에서 오로지 버니만을 이상한 사람이라고 생각했기 때문에 이제 수도원이 버니가 처음부터 이랬어야 한다고 생각했던 방향으로 옮겨 가기 시작한 것처럼 보였다. 이러한 변화는 공동체에 봉사하기 위하여 버니가 자신이 이끌리는 대로 더 행동하도록 만들었고, 가능한 모든 방법으로 그의 사랑을 보여 주려는 용기를 갖게 했다. 그는 봉사를 예술로 발전시켰다. 만일 고통을 견디는 기술을 천재라고 말한다면, 그는 바로 그러한 천재였다.

그는 자신의 온화한 영향권을 부엌 밖으로 확대했다. 그는 형제들과 방문객들이 음식을 제대로 먹는지 관심을 쏟음은 물론, 그들이 의복과 담요를 충분히 가졌는지 살폈고, 그들이 밖에 있을 때에 엘크 떼를 보았는지, 또 방문객들이 그 지방의 경치를 보았는지도 살폈다. 또한 그는 등산을 주선하고, 생일과 기념일(수도회 입회 주년 등)을 챙기곤 하였다.

이 시대에는 파티라고 하면 간단히 이야기를 나누는 기회와 아이스크림처럼 맛있는 음식을 몇 가지 즐기는 것이 고작이었다. 버니가 파티에서 즐기는 장난은 그 공동체에서 좀 더 엄숙한 수도자들을 놀려 대는 것이었다. 그는 자신을 위해 초콜릿이나 바닐라 아이스크림을 네다섯 번 그릇에 담아 그 위에 뜨거운 초콜릿 크림을 넉넉히 붓고 또 그 위에다 아주 커다란 장식용 크림을 얹고, 맨 위에는 작게 부순 피칸을 잔뜩 얹었다. 그러고는 콧대가 센 수도자들이 보는 앞에 앉아, 보란 듯이 입맛을 쩝쩝

다서 가며 아이스크림을 즐겼다. 그는 '당신에게 허락된 즐거움을 누리고 싶다면 왜 그렇게 하지 않는가?'라고 하는 듯했다. 버니는 수도자들이 아무 죄도 되지 않는 즐거움을 맛볼 기회가 왔을 때, 왜 죄의식을 가져야 하는지 알 수 없었다.

서구 가정에서 부엌은 가정의 중심이다. 그곳을 통하여 모든 이가 들어오고 나간다. 부엌은 버니의 왕국이었다. 뽑혀서 되었든 우연히 되었든 간에 그는 수도원장의 오른팔이었다. 버니는 수도원을 방문하는 손님들에게 관심을 갖는 완전한 자유를 누렸다. 그의 각별한 관심 때문에 버니를 한 번 만난 사람은 그를 잊지 못했다. 그는 손님이 아스펜[17]에서 식사했다고 하면 무척 기뻐했다. 그들이 수도원에 머무르는 날에는 아침에 든든하게 식사하도록 주의를 기울였다. 한번은 내 형이 방문했는데 버니는 아침에 계란과 베이컨을 먹으라고 강력히 권했다. 그 당시 수도원에서 이것은 금지 사항이었다.

나는 이때 수도회를 대표하여 이곳 수도원의 사정도 살피고 용기도 북돋우기 위하여 종종 공식적인 방문을 하곤 했다. 방문자로서 나는 하루의 대부분 그 공동체 회원들을 면접하고 규율이 지켜지는 상황을 알아보고 또 그들이 당면한 어려움이 무엇인지를 알아보았다. 버니는 이것이 지루한 일일 거라고 생각해서 나에게 차 한 잔과 과자 몇 개를 곁들여 가져다주곤 했다. 당시만 해도 티타임 같은 것을 들어 본 적이 없어서 이러

---

17 콜로라도주에 있는 유명한 스키 마을.

한 친절을 받아들이는 데 주저했지만, 버니가 이러한 대접을 하는 데 큰 기쁨을 가지고 있기 때문에 도저히 거절할 수가 없었다. 버니는 그의 호의를 받아들이는 것이 그에게 큰일을 해 주는 것처럼 보이도록 했다. 우리는 받아들일 수밖에 없었다.

수도원 쇄신의 과정 중에 평수사들의 소명이 성가대 수사들의 일과 합쳐졌고, 버니를 포함한 평수사들은 이것을 마땅하게 여기지 않았다. 그러나 작은 공동체에서는 모두 한몫씩 협조해야 된다고 생각했다. 그는 성가대를 할 의사가 없었으나, 공동체의 기도에 참여하기 위해 오르간을 배우기 시작했다. 버니는 모든 종류의 음악을 좋아했다. 그가 성가대에 참여할 때는 자기 취향대로 약간의 꾸밈음을 섞곤 했다. 이는 그레고리안 성가의 순수함을 훈련받은 사람에게 허용할 수 없는 일이었다. 그러나 이는 공동체에 봉사하겠다는 버니의 결심을 나타내는 것이기도 했다.

여러 해 동안 나는 그곳을 계속 방문했고, 버니가 성숙해 가면서 사랑을 나누는 태도도 더욱 성장했음을 보게 되었다. 이제 그는 다른 사람들에게 친절을 베푸는 데 강요하는 일이 적어졌지만, 누군가 필요로 할 때에는 언제나 거기에 있었다.

언젠가 그 분원 수도원장이 워크숍에 다녀와서는 자연식이 그 공동체에 도움이 되리라고 확신했다. 그즈음에 버니는 집요한 끈기의 덕으로 우리 수도회에서 가장 훌륭한 요리사가 되어 있었다. 그 공동체가 이 새로운 식사법을 시험 삼아 실시하기로 동의하며, 그동안 그가 세심하게 만들어 놓았던 모든 요리법을 중단해야 했지만 버니는 이를 잘 따랐다.

이 식사법에 따라 그동안 그가 준비하고 좋아하던 군것질들은 제외되었다. 당근 주스와 익히지 않은 채소, 설탕 없는 후식 등 그의 식성과는 거리가 먼 것들이 매일의 식사가 되었다. 그런데 수도원장을 비롯한 모든 이가 시름시름 앓기 시작하였다. 점차 자연식은 수정되었고 결국은 사라졌다.

때때로 수도원에서는 평가회를 갖는다. 수도자들은 그 공동체에 관계되는 문제들을 제안할 수 있었다. 어느 날 이러한 의견이 제기되었다. "가끔 한 번씩 영화를 보거나 TV의 특별한 프로그램을 보는 것이 좋지 않을까요?" 의례적으로 각 수도자들은 자기 의견을 제시했다. 어떤 사람들은 이로 인해 세속적인 것이 수도원으로 들어올 기회를 준다는 의견을 피력했다. 그래서 그들은 "TV는 우리의 성소가 아니다."라고 결론을 지었다.

모든 사람이 자기 의견을 말하고 난 다음, 이 의견을 제기했던 버니가 말했다. "이 순간에 TV를 보는 모든 사람이 우리보다 더 거룩하다면 어쩌겠습니까?" 이 질문에 아무도 대답하지 못했다. 결국 가끔 영화를 보기 위하여 TV를 들여놓게 되었다. 어쨌거나 그것은 모든 이가 바라는 것이었다고 생각한다. 버니가 좀 더 솔직하고 용기 있게 말했을 뿐이다.

드문 경우이긴 하지만, 버니는 아스펜에서 아이쇼핑하기를 좋아했다. 누군가가 "아스펜은 죄악의 도시야. 서양의 바빌론이고 미국에서는 마약의 수도야."라고 말하면, 그는 "나는 아스펜에서 하느님을 만납니다."라고 말하곤 했다. 그는 《내셔널지오그래픽》 잡지에 나오는 특종물을 특히 사랑했다. 그래서 그가 아스펜에 갈 일이 생기면 그 지역 본당에 들러, 고래라든지 다른 자연의 소재에 관한 기록집을 살펴볼 수 있도록 수도원장에게 허락을 받았다.

1981년 가을, 내가 스펜서의 수도원장직을 사임했을 때 스노매스에 있는 공동체에서 나에게 그곳에 와서 살 것을 간청했다. 모든 이가 나를 환영했는데, 특히 버니는 끊임없이 나에게 관심을 가졌다. 그의 생각은 이러한 것 같았다. '이 사람은 큰 수도원에서 원장직을 지냈고, 이 수도회에 20년간 봉사했어. 이제 그가 이 조그마하고 보잘것없는 곳에서 살게 되었지. 그는 아마도 떠나온 수도원의 모든 형제들을 그리워할 거야.' 그래서 그는 나를 다른 사람과 마찬가지로 대하는 대신, 나 때문에 늘어난 여러 가지 일에도 불구하고 내가 무엇을 좋아하며 무엇을 먹지 못하는지 자세히 알아보았다. 나는 '이것이 바로 하느님의 방법일 거야!'라고 생각한 일이 있음을 지금까지 기억한다. 만일 누가 이렇듯 당신을 대해 주어 당신이 하느님을 생각나게 만들었다면, 그 사람은 틀림없이 하느님 현존의 성사라 해도 좋다.

내가 스노매스에서 첫 번째 감사 미사를 드렸을 때, 버니는 자신의 버릇대로 피아노를 치기 시작했다. 놀랍게도 늘 내가 좋아하던 곡이었다. 나는 그에게 그 곡을 카세트에 녹음해서, 내가 가끔 들을 수 있게 만들어 달라고 요청하고 싶었지만, 파티에서 많은 일이 일어났기 때문에 그 요청을 할 기회가 없었다.

몇 주 후, 나와 수도원장은 다른 수도원에서 열리는 장상 회의에 참석했다. 우리가 그곳에 있는 동안, 수도원장은 버니가 아스펜의 길거리에서 넘어져 사망했다는 전화를 받았다. 그는 그곳의 치과 의사에게 가던 길이었고, 가다가 나의 사제복을 세탁소에 맡기려던 참이었다. 그리고 지역 본당에 들러 고래에 관한 비디오도 볼 계획이었는데 갑작스러운 심장 마비로 그 자리에서 사망한 것이다.

수도원장은 그 소식에 완전히 정신이 나갔다. 그는 즉시 비행기를 타고 수도원으로 돌아가면서 나에게는 남아서 자기를 대표해 회의에 참석해 달라고 했다. 이틀 후, 나 역시 비행기로 아스펜에 돌아왔다. 마침 아주 청명한 겨울 날씨였고 푸른 하늘, 몇 점의 구름, 눈, 푸른 전나무들, 수정같이 맑은 공기들로 콜로라도의 아름다움이 절정에 이른 때였다. 나는 '이 골짜기가 축하하고 있구나! 이건 버니의 것이야. 그가 이곳을 무척 사랑했거든.' 하고 생각했다.

내가 차에 탔을 때, 나를 태우려고 나온 수사가 "버니의 목소리를 다시 한번 들어 보시겠습니까?" 하고 말했다. "무슨 소리입니까? 어떻게 그의 목소리를 다시 들을 수 있단 말입니까?" 하고 묻자, 그는 "버니가 죽기 며칠 전에 제 형의 결혼 25주년을 함께 축하하기 위해 테이프에 녹음을 했습니다."라고 대답했다. 버니는 그의 개성에 맞게 그와 친구가 된 수도자들의 친척들 한 명 한 명을 위해 조그만 깜짝 선물을 마련하고 싶어 했다. 그래서 버니와 이 수사는 간단한 극을 만들었다. 버니는 아스펜에 있는 나이트클럽의 피아노 연주가 흉내를 냈고, 이 수사는 지방 라디오 방송의 아나운서로 버니를 인터뷰하는 역할을 맡았다. 나는 "어쨌든 한번 들어 봅시다!"라고 말했다.

그 수사가 테이프를 틀었다. 그런데 거기서 무엇이 나왔을까? 버니가 피아노로 연주한 곡은 내가 녹음해 달라고 말하려 했던 바로 그 곡이었다. 나는 이렇게 말했다. "하느님 맙소사! 버니, 당신은 참으로 사려 깊은 사람이야. 당신은 영광 중에 있으면서 나의 하잘것없는 요구를 알아차렸다니!" 우연의 일치처럼 일어나는 일이 그에게는 다반사여서, 그것을 도저히 다르게 해석할 수가 없었다.

이 사람보다 더 밝게 빛을 비춰 주는 어떠한 사람도 나는 알지 못한다. 삶을 진정으로 사랑하고 또 삶의 선함에 대하여 그렇게 철저하게 동의한 사람은 아무도 없다. 그러면서도 하느님의 요청에 따라 그는 즉시 모든 것에서 손을 놓았다. 하느님이 우리에게 받아들이라고 하시는 것을 한순간에 받아들이고, 하느님이 우리에게 버리라고 하시는 것을 그 즉시 떠나보내는 그것이 진정한 초연함이다.

영적 여정의 본보기,
안토니오 성인

4세기경, 그리스도교 수도자들의 아버지로 불리는 이집트의 안토니오 성인은 영적 여정의 내면이 자세히 알려진 몇 안 되는 거룩한 인물이다. 그의 전기는 우리에게 적극적인 대처와 소극적인 정화 두 가지 방법으로 거짓 자아를 무너뜨리는 본보기를 보여 준다. 버니의 경우는 무조건적인 사랑을 실천함으로써 거짓 자아를 무너뜨리는 긍정적 방법의 예다. 이기심은 지속적인 자기 증여에 발붙일 곳을 만들지 못한다. 이러한 두 가지 방법을 조화시킨 것이 아마 인간 조건에 대해 가장 실제적으로 반응하는 길일 것이다.

우리는 거짓 자아가 발달하는 역사를 보았고 그 거짓 자아가 하느님과 나 자신, 그리고 다른 사람들과의 관계를 적절히 행사하는 데 어떻게 방해되는지 살펴보았다. 이것을 무너뜨리는 것이 때로는 내적인 전쟁처럼 보이는데 실제로도 그렇다. 훌륭한 금욕 수도 생활을 한 이집트의 안토니오는 영적 여정에서 이런 식으로 접근하는 완벽한 본보기라고 볼 수 있다. 내면으로 향하는 이 길을 택하여 그 또한 완전한 사랑에 이르렀으며, 버니가 보여 주고 실천했던 것과 같이 다른 사람의 요구에 대하여 그 역시 살아 있는 관심을 나타내 보였다.

이러한 두 가지 길을 상반되는 것으로 생각해서는 안 된다. 그 두 가지는 균형 잡힌 영적 발달을 위하여 모두 필요하다. 안토니오의 여정이 긍정적 면에서 두드러졌든지 무의식적 동기와의 투쟁이라는 부정적인 면에서 두드러졌든지, 그가 그리스도인 영적 여정의 핵심을 표본으로 보여 주었음은 많은 도움이 된다.

그리스도가 우리에게 지고 가라 하시는 십자가는 정확히 말해 우리가 아동기부터 가지고 온 정서적 상처와 이것들을 다루기 위해 발전시킨 심리적 방어 기세들이라고 할 수 있다. 원죄가 우리 자신이 저지른 개인적인 잘못의 결과는 아니지만, 이것은 우리가 하느님과 다른 사람, 또 자신의 참자아에서 분리되었다는 감정을 깊이 스며들게 한다.

원죄라는 말은 하느님과 개인적으로 일치를 이룬 확신이 없는 상태에서 온전한 사색적 자아의식을 갖게 된 보편적인 경험을 가리킨다. 이것은 우리 안에 있는 불완전, 분리, 고립, 그리고 죄악의 깊은 감각을 일으킨다. 이러한 유리감을 갖는 문화적인 결과가 어린 시기부터 우리 안에 주입되었으며 이것은 한 세대에서 다음 세대로 이어져 온 것이다. 이러한 상황에서 오는 깊은 불안감에서 벗어나려는 긴급한 욕구 때문에 이것이 잘 조절되지 않았을 경우엔 쾌락과 소유, 권력을 가지려는 끊임없는 욕구를 갖게 된다. 사회적 수준에서 이러한 욕구는 폭력과 전쟁, 그리고 구조적 불의를 일으킨다.

원죄에서 후속적으로 파생된 결과들은 잉태되면서부터 우리 성격 안에서 생긴 습관이며, 자기 자신을 방어할 힘이 없었던 어린 시기에 알게 모르게 다른 사람들에게 받은 피해들, 견딜 수 없는 상황의 고통을 막기 위하여 획득했지만 지금은 무의식 속에 잠재된 여러 방법을 포함한다. 그리고 이성적으로 판단할 수 있는 나이 이전에 생긴 반응 형태가 모여서 거짓 자아의 기초를 이룬다. 거짓 자아는 참자아와 반대로 발달된다. 하느님과 다른 이들에게서 분리된 자아이므로 그 중력의 방향은 자기 자신을 향한다.

안토니오 시대에 마귀는 그리스도인 공동체의 안이나 밖에서 모두 잘 알려진 존재들이었다. 그러므로 안토니오의 전기를 쓴 저자이며, 알렉산드리아의 주교인 아타나시오 성인이 안토니오의 생애를 악마와의 일련의 투쟁으로 묘사한 것은 자연스러운 일이라고 할 수 있다. 사실상 영적 투쟁은 초기 교회 시대에서 드러난 주제였으며, 근세 문학에서도 이를 볼 수 있다.

로마 제국과 가톨릭 교회에 평화를 안겨 준 313년 밀라노 칙령이 있기 전에는, 박해를 받으면서 복음에 충실한 것이 그리스도교 완덕의 큰 상징이었다. 처음 3세기 동안에 그리스도인들은 사자에게 던져지고 광산으로 끌려가고 국외로 추방당하며, 공직을 박탈당할 위험을 매일 안고 살아갈 수밖에 없었다. 그 당시 밀라노 칙령은 대부분 노예와 가난한 사람들로 구성되었던 박해의 교회에 상당히 큰 의미를 부여한 사건이었다. 순교할 위험이 사라지자, 신심 깊은 신자들은 그리스도에게 순교와 맞먹는 헌신을 보일 수 있는 생활 방식을 찾기 시작했다.

4세기 중반, 안토니오가 죽은 지 몇 해 안 되고 아타나시오가 《성 안토니오의 생애》를 쓸 당시엔, 순교하려는 열망을 갖게 했던 정신이 교회에 남아 있었다. 그래서 아타나시오는 새로운 방식으로 그리스도에게 헌신하도록 사람들이 부르심을 받고 있었다고 확신했다. 아타나시오는 안토니오가 사막에서 시작한 금욕 수련을 '매일매일 의식의 순교'라는 말로 표현했다. 매일 금욕의 방법으로 하느님을 찾는 열성은 경기장에서 자신의 생명을 버리는 열성과 비교되었다. 아타나시오는 "그 두 가지는 같은 것이다."라고 주장했다. 그러므로 평화의 시기에 하는 금욕 생활은 신심 깊은 그리스도인이 나아갈 이상적인 길로 여겨졌다.

안토니오는 251년경 이집트 남부에 있는 작은 마을에서 태어났다. 그의 부모는 200에이커(1에이커는 약 1,200평) 정도의 기름진 땅을 가지고 있었을 만큼 부유했다. 안토니오는 잘생긴 소년이었으며, 무슨 음식이든 가리지 않고 잘 먹었고, 부모에게 순종했다고 전해진다. 그런데 그의 집안에 갑작스럽게 불행이 닥쳤다. 그 불행이 무엇인지는 알려지지 않았지만, 아마도 그의 부모가 마차 사건으로 죽은 것이 아닐까 한다. 어쨌든 18세 젊은이에게는 모든 재산과 여동생을 돌봐야 하는 책임이 주어졌다.

어느 날 안토니오는 이런 생각을 하게 되었다. '어떻게 사도들이 그리스도를 따르기 위하여 모든 것을 버렸을까?' 그러다 그는 그 지방의 교회에 가게 되었다. 그날의 복음은 안토니오의 가슴을 파고들었다.

───"네가 완전한 사람이 되려거든, 가서 너의 재산을 팔아 가난한 이들에게 주어라. 그러면 네가 하늘에서 보물을 차지하게 될 것이다. 그리고 와서 나를 따라라."(마태 19,21)

안토니오는 즉시 여동생을 위한 재산만을 조금 남겨 두고 모든 것을 팔았다. 안토니오의 이러한 판단은 확실히 현명했지만 하느님의 계획은 다른 것이었다. 몇 주 뒤, 안토니오는 다시 그 교회에 가게 되었다. 그리고 이번에는 다음 구절을 들었다.

───"그러므로 너희는 '무엇을 먹을까?', '무엇을 마실까?', '무엇을 차려입을까?' 하며 걱정하지 마라."(마태 6,31)

그는 즉시 집으로 돌아와 동생을 위해 조금 남겨 둔 재산마저 가난한 이들에게 건네고는 여동생을 '헌신하는 여인들'이라는 집단에 맡겼다.
안토니오는 이제 금욕 생활을 좇을 수 있는 자유의 몸이 되었다. 이때만 해도 조직화된 수도 생활을 하는 곳이 없었기 때문에 그는 당시에 보편적이었던 두 가지 공통된 삶, 즉 오랫동안 영적 여정에 있었던 사람들의 모범을 따르며, 또 그들의 충고를 구하는 생활을 하기로 했다. 이러한 지침 아래서 안토니오는 영성 생활의 봄(그의 열렬한 신앙의 첫 번째 열매)을 경험했다. 아타나시오가 쓴 다음 글은 안토니오의 수덕에 대한 열정을 그대로 나타내고 있다.

──── "그는 한 사람에게서 은혜로움을, 또 다른 사람에게서는 성실한 기도 생활을, 한 사람이 지닌 기질을 연구하는가 하면, 또 다른 사람의 친절함을 본받으려 하였다. 그는 한 사람이 밤을 새우며 하는 기도와 다른 사람이 하는 공부에 주의를 기울였다. 그리고 그는 어떤 사람에게서는 끈기 있는 참을성을, 다른 사람에게서는 단식하는 것과 맨바닥에서 자는 잠을 선망하며 바라보았다. 그는 한 사람의 온유함과 다른 사람의 자제력을 살폈다. 그리고 각각의 모든 사람이 공통적으로 가지고 있는 그리스도에 대한 헌신과 서로 간의 사랑에 대해 관심을 가졌다."(《성 안토니오의 생애》 4,21)

그들의 다양한 은총 속에서 공동체의 회원들을 일치시키는 결속을 주시해 보자. 그것은 그리스도에 대한 사랑과 서로 간의 사랑이다. 일치가 깊어질수록 공동체는 다양성을 흡수한다. 다양한 견해와 은총은 그것들이 자신의 수련과 견해를 위협하는 것으로 경험되지 않고 풍요롭게 해 주는 것으로 경험된다.

안토니오가 겪은 여정의 첫 단계를 표현하는 기본 주제를 살펴보자. 아타나시오는 악의 힘과 더욱 커진 투쟁이라고 설명한다.

―― "좋은 것을 미워하고 질투하는 악마는 아직도 젊은이가 가진 대단한 결의를 그대로 볼 수가 없어서, 안토니오에 대해 그의 의례적인 전략을 꾸미기 시작했다."(《성 안토니오의 생애》 5,22)

'의례적인 전략'이란 말은 악마가 영적 여정에 오른 초보자들의 약점이 무엇인지를 시험해 보고, 이 약점을 집요하게 이용하여 영적 여정을 포기하고 이전 생활로 돌아가도록 설득하는 것을 의미한다. 다른 말로 하면, 좋은 것을 모두 질투하는 악마가 우리에게 그리스도를 따르기를 포기하게 만들고, 거짓 자아를 키우는 생활로 돌아가도록 우리를 유혹하는 것이다.

이즈음, 안토니오는 몇 달 동안 극심한 곤궁 속에 살면서 집중적인 금욕 생활에 젖어 있었다. 오늘날의 모습으로 상상해 보면, 쓰레기 야적장이 내려다보이는 마을 한 모퉁이의 오두막에서 사는 모습이라고 그려 볼 수 있다. 안토니오가 경험한 영적 여정의 봄은 가 버렸고, 내적인 위안도 말라 버렸으며, 급기야는 단식으로 아사 상태에 이르렀다. 그리고 갑자기 그의 상상력이 작동하기 시작했다. 악마는 이때 그가 이전 생활에서 즐겼던 쾌락을 상기시켰다.

처음 그의 마음에 떠오른 것은 그가 가졌던 재산에 대한 기억이었다. 저녁노을에 반짝이며 흐르는 나일강 옆으로 그의 비옥한 땅이 보였다. 모든 것이 무척 평화로웠다. 멀리서 현악기를 타는 부드러운 소리가 들려왔다. 안토니오는 히아신스나 등나무 같은 꽃에서 나는 고운 향내를 맡을 수 있었다. 시각, 후각, 미각, 촉각 그리고 청각이 모두 그의 상상과 기억에 한데 어우러져서는 그 아름다웠던 땅과, 특히 감미로웠던 여름 저녁의 풍경에 대한 엄청난 향수를 불러일으켰다. 그리고 귀 가까이에서 "안토니오, 너는 어째서 이렇게 아름다운 땅을 떠났니? 그것들은 아직 거기에 있어. 아직 늦지 않았단 말이야. 지금이라도 다시 돌아가면 그것들을 손쉽게 찾을 수 있어." 하고 속삭이는 목소리가 들려왔다.

악마라고 하는 영적인 존재는 아마도 위대한 무대 감독이나 영화감독이라고 해도 좋을 것이다. 악마는 감각들을 불러일으키고, 적절한 영상을 동원하여 최상의 인상을 만들어 내기 위해 가장 부드러운 기억과 자극적인 감정을 일으킨다. 악마의 목적은 안토니오의 영적인 여정에 대한 결단을 약하게 만들려는 것이다.

안토니오는 이 정도에 동요되지 않았다. 악마는 이제, 가까이 지냈던 친구와 친척들과의 기억을 불러내며 유혹하기 시작했다. 금욕적인 생활에서 그들과 접촉을 갖는 것은 적절하지 않았다. 아마도 안토니오의 친구들은 그가 새로운 삶의 방식을 찾아 나섰으므로 이제는 더 이상 그에게 가까이 다가가길 원하지 않았을 것이다. 악마는 안토니오에게 "너는 이제 너의 귀여운 여동생을 보지 못하며, 더 이상 사랑스러운 마음으로 껴안아 주지도 못할 것이다. 이젠 가족 모임도 없고 더 이상 생일 파티도 없다."라고 일러 주었다. 가장 아름다웠던 가족과 친척들과의 기억들이 의식의 흐름 위로 떠내려왔다. 하지만 안토니오는 꿋꿋하게 버텼다.

다음으로 악마는 안토니오를 유혹하기 위해 돈에 대한 집착을 불러일으키려고 계획했다. 안토니오는 그리스도에 대한 사랑 때문에 그의 모든 소유를, 여동생을 위해 남겨 두려고 생각했던 얼마 남지 않은 재산마저도 모두 버렸다. 이제 가난에 찌든 오두막에 앉아 있는 그의 마음의 눈에 돈에 대한 욕망이 아른거렸다. 악마는 그 돈으로 할 수 있는 모든 일들, 쾌락, 여행, 공부, 축제, 가난한 이들에게 나누어 주기 위해 재산을 증식하는 투자 등을 알려 주었다. 그러나 안토니오는 마음속을 지나가는 끝없는 유혹에 관심을 주지 않았다.

다음 유혹은 권력에 대한 욕구였다. 어느 누구에게도 힘을 행사한 적이 없는 이 젊은이는 다른 금욕 수행자들을 통제하고픈 유혹을 느꼈다. 신비하면서도 음흉한 목소리가 속삭였다. "안토니오야, 네가 그대로 있었다면 너는 지금 그 지방 비료 공장에서 좋은 직업을 가지고 있었을 거야. 하지만 아직도 늦지는 않았어. 너의 재능 정도라면 너는 곧 관리직에 오를 거야. 어쩌면 고급 관리직에 오를지도 모르지. 얼마 안 가서 너는 그 회사의 사장이 될 것이고, 이집트에 있는 모든 비료 공장을 사들일 수 있어!" 이러한 종류의 유혹은 점점 커져서 아주 과장된 형태로 발전한다. 그러나 안토니오는 즉시 이러한 유혹들을 떠나보냈다.

유명해지려는 유혹도 그를 찾아왔다. 하지만 이런 사치는 안토니오가 선택한 삶의 모습과는 너무나 맞지 않았기 때문에 그에게 아무런 인상도 남기지 않았다.

이제 그의 상상과 기억은 인생의 즐거움으로 미묘하게 향했다. 그가 과거에 경험했던 매혹적이고 황홀했던 모든 것이 다시 떠올랐다. 이러한 기억들은 지금 그가 사는 오두막이나 쓰레기장의 광경과는 매우 큰 대조를 이루었다. 안토니오는 이러한 차이에 잠시 움츠러들기도 했지만 좋았던 과거의 기억에 매달리지 않았다.

음식과 음료에 대한 즐거운 기억들도 떠올랐다. 가정에서 잘 먹고 지냈던 이 젊은이는 벌써 여러 달째 하루 한 끼를 간단한 야채로 먹거나, 빵과 물만 먹으며 지내 왔다. 옛날 좋은 시절에 관한 생각들이 그의 마음의 눈 앞에 아른거렸다. 그러나 이러한 모든 유혹과 기억이 주는 것은 늘 똑같았다. "안토니오야, 머뭇거리지 마라! 너는 이곳을 떠나야 해. 두 번 다시 생각할 필요도 없다. 너의 훌륭한 땅으로 돌아가라! 친구들에게로 돌아가라! 그 훌륭한 식사를 하던 곳으로 돌아가란 말이다!"

그를 계속해서 짓이겨 대는 세속적인 유혹은 밖에서 오는 것이 아니라 바로 자신 안에서 오는 것이었다. 그렇기 때문에 그는 혼란스러웠다. 그리면 그것에 저항하는 방법은 무엇인가? 바로 믿음, 결단, 그리고 끊임없는 기도였다. 안토니오는 영적 여정을 포기하지 않겠다고 결심했다. 이것이 시간을 초월해 영적 여정에 있는 사람들에게 주는 메시지다. 끊임없이 하느님을 기다리고, 끊임없이 하느님을 신뢰하고, 끊임없이 하느님께 기도하는 것이다.

악마는 안토니오의 굳건한 마음에 당혹했다. 그는 안토니오가 이 모든 유혹에서 빠져나와 그 지역 사람들에게 행사했던 악마의 사악한 영향력을 뒤집어 놓을까 봐 우려했다. 쾌락으로 가득한 세상으로 돌아가게 하려는 유혹에 실패했기 때문에 이번에 악마는 또 다른 술책을 들고 나왔다. 더 좋은 일을 하기 위해서라는 구실로 그의 영적 여정에 대한 단호한 결심을 약화시켜 그곳을 떠나게 하려는 것이었다. 그리스도를 열심히 따르려는 사람들은 대부분 악마의 세련되지 않은 유혹에 쉽게 넘어가지 않으며 시시한 일로 영적 여정을 포기하지도 않는다. 단, 더 좋은 일을 위해서라는 구실은 그들을 사로잡는 유일한 길이다.

악마는 안토니오에게 다음과 같은 말을 하며 그의 결심에 도전했다. "안토니오, 네가 한 짓이 무엇인지 아는가? 너는 네 여동생을 가혹하고 음울한 여인들의 집단에 처넣은 거야! 신심이 깊은 척하지만 그들은 모두 마귀란 말이다. 그들은 웃는 법이 없어. 그들은 네 동생이 인형을 가지고 놀지도 못하게 해. 그 애가 조그만 잘못이라도 저지르면 마구 두들겨 패 준단 말이다. 그 애는 지금 너무 울어서 심장이 터질 것 같다고! 즉시 이곳을 떠나서 그 애를 구해야 해!" 이러한 유혹은 아주 악질적인 농간이다. 때때로 우리가 사랑하는 사람들이 이와 비슷한 양심의 문제를 일으킨다. 이러한 유혹의 예를 들어 보려 한다.

수도원에 한 수련자가 있었는데 그의 어머니는 정기적으로 "네가 집에 돌아오지 않으면 나는 자살하고 말 거야!"라고 편지를 보냈다. 차갑고 어둡고 잔뜩 우중충한 날에 이러한 메시지를 받는다고 상상해 보라. 그 수도자는 그대로 머물러 있었고 그 어머니도 계속 살아 있었다.

나에게는 나를 아주 귀여워해 주는 할머니가 계셨는데, 그것은 내가 할머니가 무척 사랑했던 할아버지의 이름을 물려받았기 때문이었다. 우리는 많은 일을 함께하곤 했다. 내가 세속적인 것에서 회개하고 복음의 가치를 좇기로 결정한 뒤에 할머니는 내가 왜 영적인 것에 관심이 많아졌는지 이해하지 못했다. 그리고 내가 트라피스트 봉쇄 수도원에 들어가려 한다고 말했을 때, 그분은 매우 절망했다. 할머니는 남자 수도원과 여자 수도원 사이의 비밀 통로에서 어린아이들의 해골이 발견된다는 무시무시한 이야기와 수도자들을 관련짓는 전통 속에서 자란 분이었다. 그분은 수도자들을 성도착증 말기에 있는 사람쯤으로 여겼다.

이후 할머니는 뉴욕의 한 아파트에서 투병 생활을 하며 침대에서 24시간 간호사의 간호를 받아야 했다. 하루는 할머니에게 이런 편지를 받았다. "내 사랑하는 손자야, 나는 지금 침대에 누워 너를 몹시 그리워하고 있단다. 나는 지금도 네가 집으로 돌아오기를 기다리고 있단다. 나는 간호사에게 '내 손자가 돌아오지 않으면 제발 나를 창밖으로 던져 달라.'라고 거듭거듭 말했단다."

그때 내가 처음 들었던 생각은 '나를 그렇게도 사랑하시는 분에게 이렇게 큰 고통을 드리는 것을 어떻게 정당화할 수 있단 말인가?'였다. 이러한 종류의 시험은 우리 성소를 근본에서 시험하며 그 성소의 동기를 되돌아보게 한다. 우리가 만일 농부가 되기 위해서나, 주례 사제가 되기 위하여, 혹은 시골에 살기 위하여 수도원에 들어왔다면 아마 그리 오래가지 못할 것이다.

이러한 섬세한 종류의 유혹에 대하여 몇 가지 허구적인 이야기를 살펴보자. 그 골자는 언제나 똑같다. 즉 더 좋은 것을 위하여 영적 여정을 중단하라는 내용이다. 다음과 같이 유혹하는 목소리들이 있다.

"사랑하는 영혼아, 너는 의사가 되기 위해 공부해 왔고 그만큼 능력도 있었다. 지금 사람들에게는 의사가 몹시 필요해. 왜 다시 그 길로 돌아가지 않니? 그렇게 하면 너는 지금보다 더 많은 사람들에게 더 좋은 봉사를 할 텐데……."

"사랑하는 친구야, 너의 아버지와 어머니가 지금 다시 심하게 다투신다. 집안에 평화를 가져올 사람은 오직 너뿐이다. 네가 지금 이곳을 떠나면 모든 것이 다시 평화로워질 거야."

"다정한 사람아, 너의 옛 애인이 지금 집 안에 앉아서 한없이 눈물을 흘리고 있다. 그녀의 가슴은 찢어지고 있어. 어떻게 그렇게 할 수 있니?"

사실 그 여자는 지금 멋진 남자를 만나서 아주 행복하게 지내고 있고, 당신 생각은 두 번 다시 하지 않고 있지만, 악마는 다른 이야기는 속삭이지 않는다. 악마는 자기 주장을 지지하기 위하여 커다란 연막을 치는 것이다. 감탄할 만한 이야기다. 이렇듯 너무나 비현실적인 이야기에 우리는 이끌려 간다.

악마는 안토니오를 이전의 생활로 돌아가도록 설득하는 데 실패하자, 이번에는 안토니오의 금욕 생활에 부정적인 생각을 심기 시작했다. 일단 안토니오가 몸이 약하고 금욕 생활이 너무 엄격하다는 것이었다. "안토니오야, 이렇게 해서 네가 얼마나 버틸 것 같은가? 너는 곧 병들고 죽어 버릴 거야!" 그는 안토니오에게 앞으로도 긴 여정이 남아 있고, 또 끝없이 어려운 상황이 전개될 거라고 일러 주었다. "어떻게 몇 달이고 몇 년이고 너의 거짓 자아를 계속 공격할 수 있단 말인가?"

또 악마는 덕을 쌓는 일과 행복을 위한 정서 프로그램을 무너뜨리는 일이 큰 작업이라고 지적했다. "어떻게 일이나 다른 사람을 조종하는 욕망을 저버릴 수 있단 말인가. 너는 우수한 사람이란 걸 잊지 말아라." 혹은 "왜 안전에 대한 욕구를 포기하는가? 너는 그것을 애써서 얻지 않았는가!" 그리고 최후의 공격으로 "너는 이 길을 너무 어려서 시작했어. 너는 결코 독신 생활을 견디지 못할 거야." 하고 지적했다.

모든 유혹은 그 사람의 개인적인 역사나 특정한 약점에 맞추어서 만들어진다. 덕의 엄격함, 수덕하는 기간, 수덕에 따르는 커다란 노력 등이 여러 가지 형태로, 그리고 각각 다른 강도를 가지고 유혹을 받게 된다. 또 다른 형태는 자신의 배우자나 가족, 또는 공동체의 회원과 서로 성격이 맞지 않는다고 느끼게 하는 것이다. 내가 트라피스트 수도회에서 마지막 서원을 하게 되었을 때, 나는 "그렇게도 열심히 기도하여 나에게 참을 수 없을 만큼의 부러움을 주는 이 사람들과 앞으로 어떻게 50년, 60년을 함께 살아갈 것인가?" 하는 질문에 부딪쳤었다.

안토니오는 각각의 유혹에 모두 같은 반응으로 대하였다. 즉 영적인 여정에 끈기 있게 나가려는 결단, 그리고 그럴 수 있는 은총을 주시리라는 하느님에 대한 신뢰와 끊임없는 기도였다. 이러한 각각의 의향은 믿음, 희망, 사랑의 실천이었다.

감각의 밤,
신앙생활에 건조함을 느낄 때

안토니오에게 영적 여정을 버리게 하려는 유혹은 두 가지다. 하나는 그가 이전 삶에서 즐기던 것에 관한 긍정적인 생각을 갖게 하는 유혹이고, 다른 하나는 그가 받아들인 금욕 생활에 혐오감을 일으키게 하는 부정적인 유혹이었다. 그가 영적 여정에 투신하겠다고 다짐했을 때, 결단을 가지고 단호하게 끊어 버렸던 그 생활로 다시 돌아가려는 유혹은 왜 이토록 강렬하게, 끝나지 않고 다가오는 것일까.

그것은 안토니오의 무의식 속에 행복을 위한 정서 프로그램이 여전히 잠재해 있기 때문이다. 악마는 바로 안토니오의 무의식에 감춰진 이러한 내용에 대해 계속해서 유혹하는 것이다. 의식적으로 복음적 가치를 따르겠다고 결심하는 것은 그리스도께 투신하는 첫 단계에 불과하다. 그다음엔 곧 무의식 속에 있는 가치관과 부딪치게 된다. 영적 여정의 봄이 지나고 나면 낡은 유혹들은 우리가 처음 회개했을 때와 같거나, 그보다 더 큰 힘으로 솟아오른다.

우리는 영적 여정에서 복합된 행동 동기와 성격의 어두운 면, 어렸을 때 받았던 정서적 충격에 대해 점점 더 알게 된다. 자아를 인식하는 것보다 자존심을 줄이는 데 도움이 되는 것은 없다. 우리가 그로 인해 용기를 잃는다면, 그 의미를 이해하지 못했기 때문이라고 할 수밖에 없다.

우리가 거짓 자아를 무너뜨리고 정서 프로그램으로 행동하기를 거부할 때 무슨 일이 일어날 것인가? 하느님이 더욱 가까이에 오시는 것 같다. 하느님은 언제나 우리 안에 현존하시기 때문에, 하느님께서 우리 안에서 전압을 올리신다고 말하는 편이 더 나을 것이다. 매일 규칙적으로 청소한 방은 보기에도 아주 깨끗하다. 그리고 그런 방 안에 앉아 있으면 기분도 좋다. 그러나 만일 1만 볼트 전압의 전구 50개를 켜 놓고 확대경으로 방바닥을 들여다본다면, 온 방 안에 작은 미생물들이 기어 다니는 것을 볼 수 있을 것이다. 그것을 본 우리는 당장 그 방에서 도망쳐 나올 것이다.

하느님은 우리의 열성적인 신앙을 보시면서 "이 사람은 영적 여정에 진지하군. 자, 가서 일을 시작하고 쓰레기들을 쳐내자."라고 말씀하시는 듯하다. 하느님이 전압을 올리시면 우리 내면에 마치 벌레들이 기어 다니는 듯 보인다. 그러면 우리는 행복을 위한 정서 프로그램이 우리와 타인과의 관계에 끼치는 손상을 명백히 보게 된다. 이러한 관점에서 스스로 좋게 봤던 자신의 행동까지도 더러운 행주 조각처럼 보이는 것이다.

16세기 스페인의 신비가인 십자가의 성 요한은 다른 어떤 영성 작가보다도 이 어려운 시기를 자세히 알아보았다. 그는 이 시기를 감각의 밤이라고 불렀다. 이 밤이 나타났다는 첫 번째 표시는 기도와 일상생활이 무미건조해진다는 것이다. 이러한 건조함이나 하느님과의 관계에서 만족이 사라짐을 경험하는 것은 우리의 믿음이 증가했거나 관상 기도를 시작하는 데서 오는 직접적인 효과이기도 하다.

하느님은 우리 내면세계에 신성한 빛을 더욱 강하게 비추시지만, 우리에게는 그 경험을 해석할 만한 적절한 감지 기구가 없다. 이럴 때 우리는 무엇인가 큰 것을 잃어버린 듯한 느낌을 갖는다. 무엇을 잃어버린 것일까? 그것은 우리가 성경을 묵상하고, 성체를 받아 모시며, 기도하고 봉사할 때 열매 맺은 결과로, 이전에 하느님과의 관계에서 즐겼던 그 자유롭고 쉬운 교류를 말한다.

성경을 집어 들지만 성경을 읽겠다고 마음먹은 시간 동안 그저 무료하게 성경을 들고 앉아 있다. 영적 독서는 마치 전화번호부를 읽는 것과 같다. 은총을 감지하는 경험이 사라지면서, 우리는 영적인 훈련에서 아무런 이익도 얻지 못한다는 느낌을 강하게 받는다. 그리고 동시에 세속적인 것에서도 만족을 얻지 못하게 된다. 성령의 일곱 가지 은사의 하나이면서 신학적으로 지식의 은사라고 부르는 은사의 도움으로 점차 믿음이 자라면서 하느님과 관계된 것, 또는 우리가 힘들게 쌓아 온 정서 프로그램에서 만족이 결여된 상태를 경험하게 된다.

이때 성령은 행복에 대한 우리의 끊임없는 욕구는 하느님만이 채워 주실 수 있다는 자각을 우리 마음속에 주입시킨다. 이러한 긍정적인 경험은 쾌락과 힘, 안전 등에 대해 불만족을 갖는 것이 아닌, 어떠한 피조물도 우리에게 무한한 만족을 줄 수 없다는 자각에서 비롯된 것이다. 이러한 직관의 빛 속에서, 정서 프로그램이 동기가 되어 지금까지 우리가 구축해 온 모든 욕구 충족이 더 이상 아무런 행복도 가져다줄 수 없음을 알게 된다. 이로 인해 슬퍼지는 기간이 생기는데, 이 기간 동안 우리는 행복을 주리라 기대했던 모든 것을 점차 상대적인 것으로 다루게 된다.

십자가의 성 요한에 따르면, 영적인 여정의 이러한 성장에서 오는 두 번째 표시는 우리가 거꾸로 가고 있을지 모른다는 두려움과 자신이 저지른 어떤 개인적인 잘못이나 실수로 하느님의 뜻을 거역했을지도 모른다는 두려움을 갖는 것이라고 한다. 이때는 은총이 아무런 확인을 주는 느낌도 없기 때문에 우리 마음은 더욱 복잡해질 수 있다. 어떤 사람들은 이것이 하느님과의 마지막이라고까지 생각한다. 그러나 이것은 사실이 아니다. 정말로 끝난 것은 그들이 기도하기 위해 감각과 이성에 과잉으로 의존했던 것이다. 하느님은 그들에게 더욱 친밀한 관계를 주려 하시기 때문에, 그들이 자신의 불안한 감정을 성찰하려 들지만 않는다면, 그 사실을 감지하기 시작할 것이다.

이러한 상태는 아기가 엄마 젖을 떼는 것과 같다. 일반적으로 유아는 젖을 떼는 것을 거부하지만, 일단 받아들이고 나면 고기와 감자 같은 더 영양가 있는 음식을 즐기게 된다. 이것이 바로 성장의 일부분이다. 감각의 밤은 하느님과 관계를 맺기 시작할 때 특징적으로 갖게 되는 영적 위

안에서 젖을 떼는 기간이다. 순수한 믿음이라는 단단한 영양분은 젖을 뗀 아기가 단단한 음식을 먹을 때 느끼는 것과 같은 새로운 느낌을 준다.

십자가의 성 요한이 말한 세 번째 표시는 논리적 묵상을 할 수 없게 되거나 하려는 마음이 없어진다는 것이다. 논리적 묵상은 예수님의 가르침과 예수님이 행동으로 보여 주신 표본을 깊이 생각하는 것으로써 일반적으로는 관상 기도로 가는 준비 단계로 묘사된다. 논리적으로 묵상하려는 마음이 없으면 마음은 끝없이 방황하게 된다. 의지만으로는 하느님의 은총에 응답하려는 사랑, 찬미, 청원, 혹은 어떠한 응답의 행위에서 아무런 이익도 얻지 못한다. 그러면서도 하느님과 함께 있고 싶어지지만, 하느님은 아득히 떨어져서 마치 우리에게는 아무런 관심도 없으신 것처럼 보인다.

십자가의 성 요한은 감각의 밤이 왔다는 것을 분별하기 위해선 이 세 가지가 모두 있어야 한다고 말했다. 만일 이것들 중에 어떤 것은 있고 어떤 것은 없다면, 그것은 우울증과 같은 병일 가능성이 높다.

십자가의 성 요한은 영적 여정에 자신을 투신한 사람들에게 감각의 밤이 '비교적 빨리' 찾아온다고 했다. 십자가의 성 요한에게 '밤'은 우리가 성찰 혹은 감각의 경험을 통하여 하느님과 관계를 맺는 일반적인 방법이 어두워진 것을 뜻한다. 이는 우리가 하느님과 관계를 맺는 일상적인 방법이 우리가 알지 못하는 방법으로 바뀌는 것이다. 이는 영적 여정에 대한 우리의 계획과 전략을 송두리째 뒤집어엎는다. 그러나 우리는 이러한 경험을 통해 여정이란 우리가 미리 짠 계획에 따라서 만들어진 길이 아니라는 것을 배운다. 하느님은 성령이 주시는 관상적 은총을 통하여 우리를 깨우쳐 주시고, 우리가 선입견에서 벗어나도록 도와주신다. 그의 빛을 우리 영 안에 주입해 주시고, 그분 사랑을 확인시켜 주시어 우리의 약함과 부족함을 알게 해 주신다. 이는 우리를 낙담시키시려는 것이 아니라 우리에게 그분의 무한한 자비에 우리 자신을 완전히 맡길 수 있는 용기를 주시기 위한 것이다.

감각의 밤에서
평화의 길로

　　　　감각의 밤이 깊어지면 세 가지 특별한 시험을 받을지도 모른다. 이 시험이 전환기를 견뎌 내는 것을 더욱 어렵게 하기는 하지만, 우리의 진보를 가속시키고, 단 한 번으로 철저하게 거짓 자아의 지배적인 동기나 그 영향을 잠재우도록 도와준다. 모든 사람에게 이러한 유혹이 나타나는 것은 아니며, 한 사람에게 세 가지가 나타나는 것도 아니다. 하지만 이 시험들은 감각의 밤을 경험하고 있다는 확실한 표시가 된다.

　　십자가의 성 요한이 쓴 첫 번째 시험에 대해 알아보자.

　　―――"어떤 이에게는 음욕의 영인 악마의 사자가 자신을 드러내 보이고는 가증스럽고 난폭한 유혹으로 그들의 감각에 공격을 가하고, 상상에 가장 잘 나타나는 야비한 생각들이나 표현들로 그들의 영을 괴롭히는데, 이것들은

죽음보다 더 큰 고통을 준다."(《어둔 밤》 14,1)

아타나시오는 안토니오가 받은 이러한 유혹을 세밀히 묘사했다. 악마는 안토니오가 이전 생활로 돌아가라는 긍정적, 부정적인 유혹을 물리치자마자 비장의 술책을 꺼냈다. 악마는 안토니오의 상상에 음욕의 생각을 쏟아부었다. 마치 군대가 진군하기 전, 저항을 줄이기 위해 포탄을 쏟아붓는 것과 같았다. 그다음으로 악마는 성적 감정을 불러일으키며 시험했는데, 이것은 오랫동안 계속되었던 것 같다. 글에는 안토니오와 악마의 싸움이 어찌나 격렬했던지 이웃에 있던 다른 동료들까지 그것을 느낄 정도였다고 한다.

이런 분명한 유혹이 오랫동안 계속되면, 그 유혹에 흔들리거나 혼란을 느끼게 된다. 즉 '내가 진심으로 이것을 거부한다면 왜 자꾸 이런 생각이 날까?'라고 생각하는 것이다. 강박적인 생각이나 정서들이 지속적으로 돌아오면서, 성적 욕구의 모든 힘이 끊임없이 의식의 초점 안으로 들어온다.

안토니오가 어린 시절에 은수 생활을 시작했기 때문에 이전에는 이런 성적인 욕구를 인식하지 못했는지도 모른다. 그는 영적 여정에 전신을 바치는 데 모든 힘을 집중하기 위해서 독신 생활을 하기로 결심했던 것이다. 안토니오는 성령께서 이 성적인 욕구를 하느님을 위해 봉사하는 열정으로 바꾸어 주시도록, 자신의 성적 욕구에 온 힘을 다해 부딪치며 그것을 받아들여야 했다.

몇 주간 아니 몇 달 동안 이러한 유혹과 끊임없는 싸움을 하고 난 안토니오는 악마의 마지막 유혹에 부딪쳤다. "안토니오야, 너는 지금까지 최선을 다했지만, 너의 그 최선의 노력도 결국은 아무것도 아니었어. 그러니 이제 그만 항복하는 게 좋을 거야!" 그러나 안토니오의 응답은 분노와 슬픔뿐이었다. 이것은 곧 그가 악마의 유혹에 동의하지 않았다는 것을 의미한다.

안토니오는 그의 분노로 일어난 힘을 실제적인 방법을 통해 소비했다. 그는 마음의 눈에 선명한 지옥 불의 영상을 불러들였다. 이 전략은 단순히 공포의 정서를 불러일으키기 위한 것이 아니다. 그것은 오히려 성적인 부정행위의 유혹에 대처하는 데 해가 될 수 있다. 공포의 감정이 일어나면 신체는 혈관에 화학 물질을 퍼 넣으며 반응한다. 신체가 도망가거나 싸울 준비를 하도록 피의 흐름을 배에 집중시키려는 것이다. 그러나 안토니오는 급진적이고 강하게 자신을 끌어당기는 성적인 쾌락에 대항할 만한 생생하고 실제적인 불길의 영상을 도입하려 했다. 그리고 마침내 실제적인 불길의 영상과 그에 따른 고통을 상상에 맡기며 음욕의 불길을 끌 수 있었다.

안토니오가 이러한 유혹에도 굴하지 않고 거뜬히 이겨 내자, 악마는 즉시 전략을 바꾸었다. 안토니오가 유혹에 쉽게 넘어간 다른 사람들과는 다르다고 느낀 악마는 안토니오에게 관능과 싸워서 이긴 것이 얼마나 큰 공로가 되겠냐고 말하며 영적인 자부심을 넣어 주려 했다. 안토니오의 대답을 표현하자면 "지옥에나 가라!" 하는 것이었고, 아타나시오는 "이것이 안토니오가 사탄을 이긴 첫 번째 승리였다."라고 기록했다.

그렇게 하여 안토니오는 음욕의 영에 동의하기를 거부했을 뿐만 아니라, 스스로 유혹을 물리쳤다는 은근한 만족감에도 동의하지 않았다. 자신이 죄가 없다고 하는 자부심은 자부심 중에서도 가장 위험하다. 이는 하느님만이 주실 수 있는 은총을 마치 자신이 한 것인 양 모두 자신의 공로로 돌리는 것과 같다. 이러한 영적 여정의 지점에서 갖는 위험은 자신이 개인적인 죄에서 해방되었다는 생각과 덕의 수련이 쉬워졌다는 생각이 머릿속으로 들어가는 것이다.

감각의 밤에서는 우리가 가질 수 있는 이기심이 모두 드러난다. 겸손은 이렇듯 은밀하게 일어나는 자기 인식의 체험에서 열리는 쓰고도 달콤한 열매다. 겸손이란 우리가 자기 비난이나 부끄러움, 분노, 혹은 낙망 같은 정서적 반응을 동반하지 않으면서 자신의 잘못을 편한 마음으로 인정하고 받아들이는 것을 말한다. 한편, 자기 비난이란 신경 질환적인 것이라고 할 수 있다. 자기 비난은 상처받은 자존심이 "이 바보야! 너는 언제나 일을 그르치지! 너는 나의 완덕의 기준에 미치지 못하는구나!"라고 말하는 것이다. 겸손은 자신의 연약함을 인정하는 것과 하느님의 무한하신 자비에 확신을 갖는 것 사이에서 균형을 유지하는 것이다.

십자가의 성 요한은 감각의 밤에 오는 두 번째 유혹에 대해 다음과 같이 말했다.

───── "이 밤의 또 다른 때에는, 불경의 영이 와서 영혼의 모든 관념과 생각

의 길목에다, 감당할 수 없는 불경심을 놓아주는 것이다. 이것들은 때로 심한 광란을 일으키며 그 불경심을 상상 속에 집어넣어 주어 영혼이 그것의 대부분을 입 밖에 내도록 만들고, 그럴 때 그것은 견디기 어려운 고문이 되는 것이다."(《어둔 밤》 14,2)

이러한 시험을 경험하는 사람들은 그들이 하느님을 잃어버렸으며, 이전의 하느님과의 관계는 이제 끝이라는 결론을 맺는다. 그래서 그들의 불안은 더욱 강해진다.

분노에 부딪쳐서 절망을 느끼는 것은 어느 삶에서든 일어난다. 내가 수련원에서 나와 서원자들의 숙소로 옮겼을 때, 제의실 관리인을 도와 미사 집전에 쓰일 제의를 준비하는 일이 맡겨졌다. 나는 자유 시간의 전부를 기도하는 데 쓰길 원했기 때문에 자유 시간이 되면 급히 방에 가서 얼굴을 씻고는 곧바로 성당으로 가곤 했다.

어떤 때에는 제의실 관리인이 내가 성당으로 가는 길을 막으며, 예상하지 않았던 방문객이 지금 막 도착했는데 미사를 드리고 싶어 한다고 손짓하곤 했다. 손님 신부를 위해 제대와 제의를 준비하는 것이 나의 소관이었기 때문이다. 나에게는 이때가 오랜 시간 영적으로 메마른 시기였기 때문에 참을성이 적을 수밖에 없었다. 제의실 관리인이 내 앞을 걸어가는 것을 보았을 때, 나는 모멸감을 느끼며 이렇게 중얼거렸다. "내 기도 시간이 또 그냥 끝나 버리는구나. 왜 장상들은 이 일을 다른 사람에겐 시키지 않는 거야?" 제의를 마련하는 일을 주신 것에 감사드리기는커녕 속으로 투덜대며 하느님께 중얼거렸다.

때때로 불경한 생각들이 내 머리를 잠식했다. 그래도 이즈음 하느님께서 내 인생의 모든 것을 살피신다는 믿음을 가지고 있었기 때문에 나는 이렇게 말하곤 하였다. "주님, 저에게 왜 이러십니까? 제가 가진 조금밖에 안 되는 시간에 기도하려고 애쓰는데, 주님은 왜 얼마 안 되는 기회마저도 허락하지 않으십니까?" 그리고 나면 곧 죄의식이 생긴다. "주님께서 나에게 얼마나 잘해 주시는데, 나는 왜 이런 생각을 한단 말인가? 아마 나에게는 성소가 없는 모양이야!" 그러면 내 안에서 간교한 소리가 들려온다. '당연하지. 너에게는 성소가 없어! 여기는 네가 있을 곳이 아니야!' 이처럼 마귀는 나의 부정적인 생각을 거들어 주는 것만으로도 너무나 행복해했다.

감각의 밤에 오는 세 번째 시험은 실제로 기대할 수 있는 후기 정화의 과정과 흡사하며 십자가의 성 요한은 영의 밤이라고 부른다. 여기서 거짓 자아의 마지막 흔적들이 깊은 내면에서 정화되어 간다.

───── "또 다른 경우에는 이사야가 현기증의 영이라고 부른 가증스러운 영이 그들을 귀찮게 굴기도 하는데, 그것은 그들을 유혹에 넘어가게 하려는 것이 아니라, 단지 시험해 보려는 것이다. 그 영은 그들의 감각을 너무나 어둡게 하여 당황하고 갈팡질팡하게 만들며 너무나 혼란스럽게 만들기 때문에, 그들이 자신의 판단에 대해 자문을 받거나 깊이 생각한다 해도, 결코 만족할 만한 도움을 얻지 못할 것이라고 스스로 판단하게 만든다."(《어둔 밤》 14,3)

이러한 불확실성은 자신의 성소나 어떤 양심의 심각한 문제에 직면했을 때 일어날 수 있다. 이 병에 걸린 사람은 마치 탁구공처럼 자신이 이쪽저쪽을 왔다 갔다 하는 것같이 느낀다. "그래, 그래야지. 아니야, 다른 것을 하는 것이 더 나아. 아니야, 그것 말고. 어쩌면 이것을." 이럴 때에는 영적 지도자에게 가서 상담을 하고, 그가 "여기에 문제의 해결책이 있네."라고 말해 줘도 그 마음은 1분도 가지 않는다. 즉시 다시 불확실의 소용돌이 속에 빠져서 하느님께 배척당했거나 버림받았다고 느낀다.

왜 하느님은 이렇듯 참기 어려운 시험을 허락하시는 것일까? 이러한 극단적인 유혹들은 마치 어두운 무대를 비추는 스포트라이트처럼 행복을 위한 각 정서 프로그램의 중심에 자리 잡고 있는 이기심에 초점을 맞추고 있다.

음욕의 영은 쾌락과 애정과 존중의 본능적 욕구를 불지르는 욕망의 강도를 드러낸다. 감각의 밤에 모든 관능적 만족은 말라 버린다. 이러한 상황이 오래 지속되면, 인간 본성은 어떤 감정이라도 느낌을 주는 것이면 무엇이든 얻으려고 갈망하게 된다. 그래서 사람들은 쾌락을 주는 것이라면 무엇이든지 찾으려 든다. 성행위는 대부분 사람들에게 감각적 경험 중에서 가장 큰 쾌락을 준다. 그러므로 성욕의 유혹은 다른 어떤 유혹보다도 큰 힘을 가진다. 어떤 사람들은 이 쾌락에 대한 갈망을 과식, 다양한 종류의 음악 감상, 끊임없는 유흥과 정신 산만을 일으키는 행위 등 지긋지긋하고 건조한 상태를 벗어날 수 있는 무슨 일을 통해서든 이것을 발산하고 싶어 한다.

불경의 영은 조종하려는 욕구에 대한 것이다. 감각의 밤에 우리는 아무것도 조종할 수 없다. 자신을 개선하려는 계획을 포함하여 어떤 계획도 아무런 성과를 얻지 못한다. 나아가 이것은 강력한 욕구 좌절을 일으켜서 불경할 정도의 분노로 표현되기도 한다. 그래서 하느님의 목을 잡고 조르고 싶어지기도 하는 것이다.

혼란의 영은 안전의 프로그램에 뿌리박혀 있는 확실성의 욕구를 비추어 준다. 이 시험에서 우리는 어떤 것도 확신을 가질 수 없다. 영적인 여정은 알지 못하는 곳으로의 부르심이다. 이에 대한 성서적인 표본은 아브라함이다.

―― "네 고향과 친족과 아버지의 집을 떠나, 내가 너에게 보여 줄 땅으로 가거라."(창세 12,1)

먼저 하느님은 우리가 어린이와 같이 반응하던 방법에서 불러내시어, 온전한 정신 자아적 의식에 알맞은 관계로 나아가라고 이끄신다. 그러나 그러한 일이 일어나고 난 다음에, 하느님께서 우리를 어디로 이끄시는지는 알 수 없다. 바오로 사도는 "어떠한 눈도 본 적이 없고 어떠한 귀도 들은 적이 없으며 사람의 마음에도 떠오른 적이 없는 것들을 하느님께서는 당신을 사랑하는 이들을 위하여 마련해 두셨다."(1코린 2,9)라고 말했다. 그곳에 도달하는 유일한 길은 그곳이 어딘지를 알려고 하지 않겠다고 동의하는 것이다. 확실성에 대한 욕망이나 요구는 신뢰의 대양에서 항해를 시작하는 데에 방해물이 된다.

이 세 가지 시험이 하느님께서 즐겨 쓰시는 것들이다. 신성한 빛은 문제의 근원에 조명을 비추는데, 그 근원이란 행복을 위한 각각의 정서 프로그램의 핵심을 이루는 우리의 본성적 이기심이다. 우리는 거짓 자아를 마음대로 없앨 수 없다. 단지 그것이 사라지도록 허용할 뿐이다.

거짓 자아를 무너뜨리기 위한 일을 우리 스스로 시작하면, 우리의 노력을 보시고 하느님께서 나머지 일들을 마무리해 주신다. 우리는 그저 그것에 동의하면 된다. 이것이 거기에서 해야 할 가장 큰 일이다. 우리 노력이 모두 실패로 돌아가면, 우리는 마침내 하느님의 무한하신 자비의 은총을 받아들이게 된다.

감각의 밤은 우리의 행복을 위한 정서 프로그램의 근원이 이기심이라는 것을 알게 해 준다. 이 영역에서 우리가 만족을 원하는 욕망들을 떠나보내고 나면, 우리는 영구한 평화의 길로 나아가게 된다. 이때에도 흥분시키는 사고나 정서가 일어나기는 하지만, 더 이상 정서적인 혼란으로 이르지는 않는다. 우리의 정서 프로그램이 좌절될 때마다 타올랐던 고통스러운 정서들을 참아 내기 위해서 쏟아 냈던 큰 에너지를, 이제는 우리와 함께 살고 또 우리가 봉사해야 하는 사람들을 위해 유용하게 활용할 수 있게 된다.

하느님은 우리 삶에서
어떻게 활동하시는가

　　　　여러 가지 투쟁을 거치며 새로운 융화의 수준으로 나아감에 있어서, 하느님과 우리 자신, 그리고 다른 사람들과의 관계를 새로운 시각으로 전환시켜야 한다. 이렇게 하는 데는 몇 년이 걸릴지 모른다. 그리고 이 전환이 이루어진 다음에 우리는 그 이전의 수준에서 영양을 받았던 영적 음식에 입맛을 잃고, 그 음식에는 더 이상 영양가도 없게 된다.

　이때 우리는 다시 한번 믿음의 위기를 겪는다. 그리고 또 다른 영적인 투쟁을 크게 치르면서 믿음과 사랑의 다음 단계로 도약한다. 그렇다고 해서 우리가 다음 단계에 즉시 자리를 잡는 것은 아니다. 오히려 우리의 모든 관계를 새로운 시각에 융화시키는 데 긴 시간을 거쳐야 한다.

　안토니오에게도 마찬가지였다. 악마들과 1차전을 끝낸 안토니오에게 내적 평정의 기간, 십자가의 성 요한이 '플라토'라고 부르는 기간이 찾아

왔다. 여기서 플라토는 거짓 자아의 정화 후에 생겨나는 자유로운 감각을 일컫는다. 그러나 이러한 정화가 영적 여정의 끝은 아니다. 안토니오는 악마들이 또 다른 음모를 꾸민다는 것을 알고 있었다. 따라서 그는 자기에게 주어진 영적인 진전을 진전이라고 간주하지 않고, 마치 처음 여정을 시작하는 사람처럼 하루하루를 새롭게 시작했다.

처음 융화의 시간을 지내고 난 다음부터 안토니오는 그가 미지의 세계로 불렸음을 내면에서 강하게 느끼기 시작했다. 그것은 하느님께 대한 신뢰에 있어서 획기적인 도약을 하라는 부르심이었다. 그의 전기에는 단순하게 이렇게 쓰여 있다.

―――"안토니오는 자기 마을에서 좀 떨어진 무덤을 찾아 떠났다."(《성 안토니오의 생애》 8,26)

만일 4세기에 살면서 이 이야기를 읽었다면 아마 모골이 오싹해졌을 것이다. "무덤으로 가다니!" 하면서 못 믿겠다는 듯 소리를 질렀을 수도 있다. 보통 상상 속에서 사막에 있는 무덤은 악마가 들끓는 곳이라고 믿었기 때문이다. 그 당시엔 자기 친척이나 친구를 무덤에 묻는 동안을 제외하고는 누구도 그 무덤에 머물러 있지 않았다.

안토니오에 대한 이야기는 간단히 쓰였지만, 이 이야기는 안토니오가 악마의 지역에 들어가 악마들과 투쟁할 것인가 아닌가를 분간하기 위해 1년 혹은 그 이상 숙고했을 것임을 보여 준다. 마침내 그는 악마에 대항하기로 결심했다. 무덤으로 간다는 그의 결심은 엄청난 용기를 보여 준 것이다. 이는 당시 사회상으로 볼 때, 사회적 조건에서 한 걸음 벗어난 것이며 보편화된 사회적 고정 관념을 완전히 거부하는 행위였다.

아마 안토니오는 수줍어하고 소심한 기질을 가지고 있었던 것 같다. 스스로도 아직 자신 안에 소심한 기질이 남아 있음을 인식하고 있었고, 그것과 부딪치라는 영감을 하느님께 얻었던 것 같다. 안토니오와 다른 공상적인 금욕가들과의 차이는 이러한 결정이 은총에 의한 영감에서 왔다는 사실이다. 어떤 사람들은 자신의 첫 번째 여정에 발을 들여놓기도 전에 영적 여정에서 앞선 사람들을 모방하려 든다. 그들은 한꺼번에 완덕에 이르려고 보속과 시험과 봉사 활동을 자기 역량 이상으로 하려 든다. 그러나 그들은 으레 넘어지기 마련이다. 우리는 자신의 일을 하느님께서 지원해 주시기를 기대해서는 안 된다. 영적 여정은 우리 일을 하는 것이 아니라 하느님의 일을 하는 것이기 때문이다.

악마의 영역에서 싸움을 하겠다는 결정은 문화적인 과잉 동일시에서 자신을 자유롭게 하려는 투쟁에 대한 분명한 표시였다. 신화적 회원 의식의 수준에는 특정 집단에 과잉 동일시하려는 특징이 있다. 안토니오에게 그 문화는 악마에게 어떤 지역에 대한 관할권을 인정해 줌으로써, 하느님의 사랑과 능력의 영역을 제한해 버리는 것이었다. 자유롭게 된다고 하는 것(신화적 회원 의식에서 정신 자아적 의식으로 나아가는 것)은 문화적 기대, 상투적 고정 관념, 고정된 사고방식에서 벗어나 하느님의 선하심과 능력에 대하여 더 큰 신뢰를 갖는 길로 나아가는 것을 뜻한다.

안토니오는 혼자 무덤으로 가면서 친구들에게 무덤을 잠그라고 했다.[18] 이렇듯 세밀하게 기술한 내용을 보면, 안토니오는 자신의 결단이 약해지는 것을 두려워했던 것이 아닐까 싶다.

악마는 안토니오의 용기에 놀랐다. 악마는 아마 "이 친구가 여기서 무엇을 하려는 거야? 건방지게 내 구역에다 발을 들여놔? 이 친구를 내쫓아 버리자!"라고 말했을 것이다. 그리고 이 악마는 같은 패거리의 악마를 모두 불러서 안토니오를 죽어라고 두들겨 패 반쯤 의식을 잃게 만들었다. 안토니오는 그 후, 사람의 힘으로는 그렇게 처절하게 때릴 수 없었을 것이라고 말했다. 안토니오에게 빵을 가져온 한 친구는 그가 의식을 잃은 채 땅바닥에 쓰려져 있는 것을 발견했다. 그 친구는 안토니오를 업어다가 교회에 누였다. 안토니오의 친척과 친구들은 그가 이미 죽은 줄 알고 슬피 울었다.

그러나 한밤중이 되자 그들은 머리를 떨구며 모두 졸기 시작했다. 안토니오는 깨어나서 그들이 머리를 끄덕거리며 조는 것을 보았다. 이 모습을 보던 그의 마음속에선 이런 의문이 일어났다. '성령께서 나에게 요구하시는 것이 무엇인가? 이만하면 충분하다. 병원으로 가거라, 하는 것인가? 아니면 안토니오야, 이 싸움은 끝장을 봐야 해. 돌아가거라. 내가 뒤를 봐주마, 하는 것인가?'

---

18 당시 사막의 무덤은 동굴 안에 있는 구멍에 시체를 넣은 곳으로, 무덤에 들어간다고 함은 이 동굴 안으로 들어가는 것을 말한다. ― 역자 주

안토니오는 두 가지 선택 앞에서 고민했다. '돌아가야 하는가? 아닌가? 이것이 하느님께서 주시는 영감인가? 아니면 단순히 나의 생각일 뿐인가?' 그리고 그는 모험을 해 보기로 결정했다. 그는 친구 한 명을 깨워서 다시 무덤으로 데려가 달라고 졸랐다. 그 친구는 다른 사람들이 깨지 않도록 조용히 안토니오를 등에 업고 다시 무덤에 데려다가 바닥에 누였다. 그러고는 문을 잠갔다.

안토니오는 너무 약해서 일어설 수 없었기 때문에 누워서 기도했다. 그는 기도를 끝내고 다시 악마들에게 도전했다. 그는 "내가 여기 왔다!"라고 소리쳤다. "나는 너희들의 주먹질이 겁나지 않아. 나를 아무리 치고 때려도 그리스도의 사랑에서 떼어 놓을 수 없다."라고 말하고는 습관대로 시편을 노래하기 시작하였다.

── "나를 거슬러 군대가 진을 친다 하여도 내 마음은 두려워하지 않으리라."(시편 27,3)

그는 자신의 마지막 남은 두려움을 몰아내어, 성령이 하시는 대로 모두 맡겨 드리고 따르는 데 있어서 완전히 자유로워지려고 했다.

아타나시오는 이렇게 적었다. "악마들은 안토니오가 그렇게 맞고도 다시 돌아온 용기에 놀랐다. 악마들은 그의 개(사막의 교부들은 악마들을 그렇게 불렀다)들을 다시 불러 모으고는 화가 치밀어 이렇게 소리쳤다. '이것 봐. 우리가 이 친구를 이기지 못했어. 음욕의 영으로도 안 되고 주먹질로도 안 되었어. 더구나 이제는 그가 우리에게 도전해 오지 않나. 아무래도 다른 방법을 써야겠어.'"

―― "그날 밤 악마들이 어찌나 소란을 피웠는지 그곳은 지진이 일어난 것 같았다. 이것은 마치 야수와 뱀의 모습을 한 악마들이 그 조그만 공간을 향해 사방에서 쳐들어오는 것 같았다. 그곳은 삽시간에 사자, 곰, 표범, 들소, 뱀, 독사, 전갈, 늑대 등의 환영으로 꽉 찼다. 짐승들은 각기 그들의 특징대로 움직였다. 사자들은 으르렁대며 곧 달려들 것 같았고, 들소들은 그들을 짓밟고 지나갈 것처럼 보였다. 뱀들도 곧 달려들 것처럼 노려보았다. 나타난 모든 동물들이 동시에 부르짖는 소리들은 몹시 두려웠고 또 매우 맹렬하였다. 매 맞고 찔리어 온몸이 극심한 아픔 중에 있으면서도 안토니오는 두려움 없이 누워 있었다."(《성 안토니오의 생애》 9,27)

맨 마지막에 '두려움 없이'라는 말을 보면 이제 안토니오는 두려움의 차원을 지난 것처럼 보인다. 이야기는 계속된다.

―― "그렇지만 안토니오의 정신은 맑았다. 그는 몸의 고통으로 신음하였지만 그의 마음은 이미 그 상황까지도 지배하고 있었다. 안토니오는 그들을 놀리기 위해 이렇게 말하였다. '너희들이 정말 힘이 있다면 하나만 나와도 충분하지 않느냐. 내 정신을 빼어 버리려고 내게 겁을 주는 것이겠지만, 어디 나를 대항할 힘을 받았으면 나와 봐라. 만일 그렇지 않다면 왜 흥분들을

하는 거냐?' 수많은 책략을 부려 보았지만 결국 악마들은 안토니오를 속이는 것이 아니라 이제 자신들을 속일 뿐이라는 것을 알고 안토니오를 향해 이를 악물었다. 주님은 안토니오의 투쟁을 잊지 않으시고 안토니오를 도우셨다. 안토니오가 위를 쳐다보았을 때에 지붕이 열리고 빛줄기가 그에게 내려오는 것을 느꼈다. 악마들은 즉시 사라졌다. 육신의 고통도 사라졌다. 그리고 동굴은 이전의 모습대로 돌아왔다. 안토니오는 하느님의 도움이 내려온 것을 알아차리고 이제 자유롭고 크게 숨을 들이쉬며 점차 고통이 사라져 감을 느꼈다."(《성 안토니오의 생애》 9,27)

안토니오는 이러한 상황에서 으레 일어날 만한 의문을 그 환상에게 표했다.

―― "'어디 계셨습니까? 왜 제가 처음 고통을 받기 시작할 때 나타나지 않으셨습니까?' 그러자 음성이 들려왔다. '안토니오야, 나는 바로 여기에 있었다. 너의 행동을 지켜보려고 기다리고 있었던 것이다. 결국 네가 지금까지 꿋꿋이 참아 내고 항복하지 않았기 때문에, 나는 언제나 너를 도와줄 것이며, 네 이름이 사방에 알려지게 하겠다.'"(《성 안토니오의 생애》 10,28)

이 마지막 구절은 아브라함이 모리야산에서 믿음의 시험을 마친 후에, 하느님께서 그에게 하신 약속과 흡사하다.

───── "이 말씀을 들은 안토니오는 일어나 기도하였다. 그는 힘이 솟아났고, 이전보다 그의 몸이 강해졌음을 느꼈다. 이때 그의 나이는 약 35세였다."《성 안토니오의 생애》 10,28)

안토니오의 질문과 주님의 대답은 내 마음에 좀 걸렸다. "내가 바로 여기에서 너의 행동을 지켜보고 있었다."라는 대답이 설득력 있는가? 안토니오가 말한 것처럼 왜 하느님은 좀 일찍 오시지 않았나? 안토니오와 같은 처지에 있었다면, 누구라도 하느님께 완전히 버림받았다고 느꼈을 것이다. 하느님의 무한하신 동정심은 어디 있었던 것인가? 마치 하느님은 아무런 도움도 주지 않으신 것처럼 보였다.

이러한 엄청난 고통 앞에서 하느님을 대신하여 대답하려고 노력하기보다, 제럴드 허드의 《건조함과 어둔 밤》이라는 책에 나오는 한 이야기의 비유를 들어 보겠다.

어느 과학자가 지구상에서 가장 아름다운 색깔의 조화를 이루는 나비의 품종을 개발하는 것에 자신의 생애를 바치고 있었다. 그는 몇 년의 실험 끝에, 한 고치에서 유전자적 대작이 나타나리라고 확신하게 되었다.

그 나비가 부화하리라고 믿은 날, 그는 전 직원을 불러 모았다. 그들은 그 창조물이 고치에서 나오는 과정을 숨도 크게 쉬지 않고 기다렸다. 먼저 오른쪽 날개가 빠져나오고 다음으로 왼쪽 날개의 대부분이 빠져나왔다. 이 모습을 본 직원들은 자축하기 위해 샴페인을 돌리고 시가도 돌리고 있었는데, 그때 왼쪽 날개 끝이 고치의 구멍에 걸려 나오지 않는 것을 보게 되었다.

그들은 순간 이상한 두려움이 생기기 시작했다. 나비는 자유로워지기 위해 절망적으로 다른 날개를 퍼덕이고 있었다. 그렇게 애쓰는 사이, 나비는 점점 기운이 빠져 갔다. 그리고 퍼덕이는 빈도수가 점점 줄어들었다. 끝내 과학자는 긴장을 참아 내지 못하고, 작은 칼을 집어 그 구멍을 아주 조금 잘라 내었다. 마지막 안간힘 끝에 나비는 실험실 탁자 위로 빠져나왔다. 이것을 본 모든 사람이 다시 샴페인과 시가를 돌리기 시작했다. 그러나 그들은 곧 다시 조용해졌다. 나비가 자유로워지기는 했지만, 날지 못했기 때문이다.

고치에서 빠져나오려고 했던 것은 피를 날개 끝에 보내어 나비가 고치에서 나오는 동시에 새 생명을 즐기면서 마음껏 날 수 있게 해 주는 자연의 법칙이었다. 그 과학자가 피조물을 살리려고 한 행동이, 그만 나비의 힘을 무기력하게 만들어 버린 것이다. 결국 나비가 날 수 없게 된 것을 통해 우리는 모순 논리를 볼 수 있다.

이것이 하느님께서 저지르지 않으시려는 실수다. 우리는 안토니오를 바라보고 계신 하느님의 모습을 이해해야 한다. 우리가 유혹과 고난을 받고 있을 때, 하느님은 급히 우리를 구해 주지 않으시고 당신의 자비를 잠시 참고 계신다. 영적 투쟁은 우리가 존재의 모든 구석구석을 열어서 은총의 신성한 에너지를 받으려고 준비하는 것이기 때문에, 그분이 직접 나서서 개입하지는 않으신다. 우리의 변형이 일단 이루어지고 나면, 우리가 신성한 생명을 온전하게 누리도록 우리를 변형시켜 주시는 것이다.

만일 하느님의 도움이 정화와 치유가 일어나기 전에 너무 일찍 이르면, 신성한 생명으로 살아가는 궁극적인 우리 능력을 좌절시킬지도 모른다.

안토니오의 싸움은 아직 끝난 것이 아니었다. 아타나시오의 글은 이렇게 계속된다. "그다음 날 안토니오는 하느님께 봉사하려는 더욱 큰 열정으로 영감을 받아 나아갔다."

그는 사막을 향해 갔다. 4세기에 사막은 악마들의 본거지로서 악마들의 군사 산업 지구가 있었으며, 생명과 공동체, 국가와 세계를 파괴하려는 계획을 수립하는 곳쯤으로 여겨졌다.

그래서 안토니오는 악마의 힘이 집중된 그 사막으로 걸어갔다. 수도 생활이 세상에서 도피하는 것이라고 생각한다면 잘못된 생각이다. 수도 생활은 바오로 사도가 '하늘에 있는 악한 힘'이라고 말한 악령과 투쟁하는 사람들이 벌이는 공격적인 활동이다. 이는 인간을 지배하려 드는 악마들의 힘을 빼앗으려고 투쟁하는 것이다. 고독의 고행은 영적 여정의 유치원 교육이 아니라 대학원 교육이다. 안토니오가 악마의 탄약 더미의 상징처럼 보이는 버려진 요새에 자리를 잡았다는 것은 매우 의미 있는 일이다.

그가 요새에 가자마자 뱀들은 재빨리 그곳을 도망쳐 나갔다. 안토니오는 다시 그의 친구에게 문을 잠그도록 하고, 그곳에 머무르는 동안 아무도 만나지 않으며 악마들과의 싸움을 계속했다.

안토니오는 그렇게 그곳에서 20년을 보냈다. 때때로 그의 친구들이 찾아와 안에서 나는 소리를 듣고는 그 안에서 '혹시 폭동이 일어난 것이 아닌가.' 하고 생각하기도 했다. 그러나 악마들은 안토니오를 이겨 내지 못하고, 이제 그에게서 도망치려고 했다. 안토니오는 시편의 여러 가지 구절로 기도하면서 사람들을 억누르는 악마의 손을 풀어 주려고 했다.

안토니오가 55세가 되었을 때, 그의 친구가 그 요새의 문을 헐어 버렸다. 안토니오는 이 상황을 이제 고독에서 나오라는 하느님의 부르심으로 받아들였다.

─── "안토니오는 거룩한 신비의 생활을 시작하여 하느님의 영으로 가득 차게 된 사람이 성소를 나오듯 그 요새에서 나왔다. 그를 본 친구들은 그의 몸이 이전 모습을 그대로 지닌 것에 놀랐다. 그는 운동 부족으로 살이 찌지도 않았고 단식과 투쟁으로 몸이 마르지도 않았다. 그는 그들을 떠났을 때와 똑같은 모습이었다. 그러나 그의 영혼은 아주 순수하여, 슬픈 일에 위축되지도 않았고 즐거운 일에도 흐트러짐이 없었으며, 그를 반기려는 많은 사람을 보면서 우쭐거리지도 않았다. 그는 완전히 이성으로 인도되고 성격이 안정되어 완벽하게 스스로 조절하고 있었다. 그는 모든 사람에게 세상의 무엇보다도 그리스도의 사랑을 구하도록 힘쓰라고 가르쳤다."(《성 안토니오의 생애》 14,32)

악마에게 속했던 사막이 이제는 평화의 장소가 되었다. 그 사막은 10년도 채 되지 않아 수천 명의 수도자로 메워졌다.

안토니오의 영적 여정은 하느님이 우리의 삶 안에서 어떻게 활동하시는가에 대한 고전적인 예다. 영적 여정을 버리고 이전 생활로 돌아가라는 첫 번째 유혹에 맹렬하게 저항했을 때 안토니오는 감각의 밤에 들어갔고, 그동안 하느님은 그가 거짓 자아의 무의식적인 동기를 버리도록 활동하셨다. 안토니오는 새롭게 얻은 자유를 일상생활과 일상적인 관계로 융화하면서 어느 정도의 안정[19]을 즐긴 다음에 더 나아가 악마들과 부딪쳤다. 이는 그리스도를 따르는 데 장애가 되는 문화적 조건의 영향을 철저하게 떠나 버리는 과정이었다. 이를 십자가의 성 요한은 영의 밤이라고 불렀다. 안토니오는 이때 이뤄진 결정적인 시험으로 비로소 변형하는 일치에 들어갔다.

---

19 플라토. ─ 역자 주

절대로 포기하지 않는다

 감각의 밤은 행복을 위한 미숙한 프로그램을 무너뜨리는 것에 관한 것이다. 이 프로그램이 성인이 되어서까지 작용해서는 안 된다. 영적 여정을 시작할 때, 우리의 첫 번째 열성은 아직 성숙하지 않은 상태이며 이러한 프로그램의 영향을 받고 있다는 사실조차 아직 깨닫지 못한다. 그러므로 더 자라기 위해서는 어떤 무엇이 이루어져야 한다.

 그 때문에 영적 여정의 어떤 시점에서 기도하는 동안에 하느님이 부재한다는 감각이 퍼지고 이러한 감각이 생활의 다른 영역에도 스며든다. 그러나 이는 실제로 그리스도와 더 깊은 일치가 시작되는 것이다. 그러나 우리는 대부분 그렇게 생각하지 않는다. 우리 앞에 성서적 의미의 사막이 전개되면 하느님과 우리 관계에 무슨 문제가 생겼다는 우려를 먼저 하게 되는 것이다.

감각의 밤에 우리는 피상적인 영적 음식에서 순수한 믿음이라는 단단한 음식으로 전환하라는 부르심을 받는다. 기도와 전례와 거룩한 독서 lectio divina에서 즐기던 감각적 위안을 간식과 비교할 수 있다. 우리는 이제 더 좋은 음식, 즉 믿음의 마른 빵을 제공받는다. 엄마 젖을 떼는 아이는 그동안 먹었던 젖에서 떨어지기 싫어하지만, 단단한 음식을 섭취하며 더 성장할 수 있다. 이와 비슷하게 하느님은 신성한 어머니처럼, 위안이라는 젖가슴에서 우리를 밀어 내어 우리가 순수한 믿음의 음식에 적응하도록 하신다. 이 순수한 믿음이라는 음식은 영적 여정의 거친 땅에서 우리에게 힘을 준다.

감각의 밤은 우리가 아동기에서 청소년기로 자라면서, 기본적인 욕구의 불충족에 대해 만족되지 않을 보상을 요구하는 것으로 반응하며, 이미 자리 잡은 정서적 결핍을 치유해 준다. 우리는 하느님과의 관계가 메말라 감을 경험하면서 우리가 이전에 행복을 찾았던 모든 일에서도 만족을 얻지 못한다. 정서 프로그램이 말라 버리고 부수어지면서 마지막 저항을 하는 것이다.

감각의 밤에 얻게 되는 기본적인 열매는 겸손이다. 겸손은 사람들 사이에서 우리 위치를 올바르게 잡도록 도와주고, 또한 다른 모든 사람처럼 인생의 굴곡을 참아 내게 한다. 사실 하느님은 우리를 이전보다 더욱 보호하시지만 비밀스럽게 하시기 때문에 우리가 알아차리기는 어렵다.

감각의 밤은 정서 프로그램을 무너뜨리고 거짓 자아를 없애기 위해서 만들어졌다. 이러한 정화의 과정으로 열리는 열매는 거짓 자아의 강박적이고도 고식적인 방해에서 해방시킨다. 그리하여 무엇인가 하려는 우리의 결정을 거짓 자아의 영향을 받지 않고 자유롭게 내릴 수 있게 된다. 우리가 찾는 환상적인 목표가 계속해서 좌절되면서 분노, 슬픔, 두려움, 자부심, 탐욕, 음행, 질투, 그리고 다른 육체적 죄를 짓게 하는 병적인 정서를 일으킬 때, 우리는 겉으로 평온을 유지하기 위해 계속해서 노력해야 한다. 감각의 밤에 거짓 자아가 작아지고 하느님께 대한 신뢰가 더 자라면서, 우리는 그 에너지를 다른 더 좋은 일에 쓸 수 있게 된다.

감각의 밤은 거짓 자아를 무너뜨리는 것 이상의 일을 한다. 우리가 가진 강박적이고도 습관적인 과잉 반응을 이완시켜 주고, 무의식 속에 있는 에너지를 방출시킨다. 이는 우리 여정이 향심 기도와 같은, 수동적으로 하는 규칙적인 관상 기도의 수련에 바탕을 두고 있을 때 더욱 그 효과가 나타난다.

감각의 밤은 사고와 감정, 비평과 연상을 초월해 하느님 안에서 쉬는 과정을 반복하면서, 신체적 기능과 지각의 수준에서 영적인 기능과 직관의 수준으로 인지력이 옮겨 가고, 다시 더 깊은 수준의 신성한 현존의 문을 열어 준다. 이 상태는 우리에게 매우 큰 휴식을 준다. 그리고 이 휴식은 다시, 아동 초기의 방어 기제가 우리 인식 안으로 들어오지 못하도록 지금까지 막아 왔던 무의식적인 활동들을 이완시켜 준다.

무의식의 에너지는 긍정적 혹은 부정적인 방법으로 나타난다. 영적 능력과 위안은 일반적으로 긍정적인 정서를 만들어 낸다. 우리 인식 안으로 성격의 어두운 면이나 혼합된 동기들이 밀고 들어오면, 거짓 자아가 우리에게 끼치는 손상을 경고하면서 부정적인 정서가 일어난다.

여러 수도자들이 미처 준비되지 않은 상태에서 갑작스럽게 힘찬 에너지가 솟구쳐 오르는 경험을 했다. 어떤 경우에는 무의식의 에너지를 완화시키기 위해 만든 만트라나 호흡 수련으로 이러한 일이 생기기도 한다. 감각의 밤을 통해 자존심이 정화되기 전에 우리가 영적 능력과 위안 혹은 성령 은사를 체험하면 환희의 감정이 넘쳐흐를 것이고, 성격의 어두운 면이 올라오면 깊은 낙담의 늪에 빠져 버릴 것이다. 이런 때에 좋은 영적 가르침은 이러한 것에 대한 해독제가 된다.

이 세상 종교의 모든 위대한 영적 전통에서는 영적 여정을 시작하는 사람들에게 필수적으로 하느님께 대한 예배와 다른 이들을 위한 봉사를 요구한다. 그리스도인에게 하느님을 향한 헌신과 예배는 거룩한 독서와 기도의 수련으로 개발된다. 그리고 우리는 각자 삶의 처지에 따라 무엇이든지 해야 할 의무를 충족시키고 다른 이를 위해 봉사하며 성장할 수 있다.

이러한 두 가지 둑을 쌓아 두면, 긍정적인 혹은 부정적인 정서가 무의식에서 올라오더라도 이것들이 넘치지 않도록 막아 주는 안전한 수로를 형성한다. 이렇게 하면 감각의 밤 기간에 드러나는 여러 가지 자기 인식에서 이익을 얻어, 우리가 그것들을 다룰 수 있는 훈련을 하고 적절한 태도를 가지기 전에 무의식 안에 억압된 내용들이 의식 속으로 튀어 오르는 위험을 피할 수 있도록 미리 준비할 수 있다.

무의식에서 올라오는 에너지로 얻는 한 가지 긍정적인 이익은 직관적 의식 수준의 발전이다. 켄 윌버는 직관적 수준은 정신 자아적 수준도 초월하여 모든 현실에 대해 새로운 시각을 열어 준다고 한다. 인간의 두뇌에는 아직도 활성화를 기다리는 잠재력이 있다. 만일 우리가 신비가들의 경험을 믿는다면, 현재 수준의 인간 의식은 더 높은 수준으로 가는 문이라고 볼 수 있다. 그들의 관점에서 우리 인간의 잠재력은 변형하는 일치 중에 완전히 활성화하는 것이다.

신화적 회원 의식에서 우리는 부모와 국가, 인종, 어렸을 적의 종교 교육의 가치를 무조건 받아들인다. 이렇게 무조건 받아들인 것들은 우리가 세상을 보는 관점, 혹은 우리가 살아가는 신화가 된다. 감각의 밤에 이러한 우리의 선입관념이 영의 밤에서만큼 깊게 이루어지지는 않으나, 도전을 받는 것은 사실이다. 예수님이 비유로 말씀하시듯이 감각의 밤은 우리가 지금까지 완전하다고 느꼈던 근본을 뒤집고, 현실을 보는 새로운 길을 열어 준다.

각각의 인간 발달 단계에서 하느님은 우리의 상태에 맞게 당신을 보여 주신다. 그러므로 원시인과 어린이에게는 태풍 같은 하느님이 되시고, 신화적 회원 의식 수준에서는 유일신 하느님이 되시고, 복음에서 보여 주는 온전한 인간에게는 무한히 살피시는 하느님이 되신다. 우리는 자라면서 이러한 각각의 수준에 맞게 하느님과 관계를 맺는다.

감각의 밤에는 하느님에 대한 우리의 원시적인 생각들이 도전을 받는다. 아동기 때에 우리가 얻은 편견도 포함된다. 만일 하느님이 악귀나 경찰, 무서운 판사로 보였다면, 이러한 무서운 이미지에 대한 정서적 연상

이 무의식에 깊이 스며든 채 남아 있을 것이다. 그것들은 정서적 판단이지 진정한 판단은 아니므로 바로잡아야 한다. 감각의 밤은 우리가 하느님에 대한 왜곡된 관점에 부딪쳤을 때 그것을 버릴 수 있도록 해 준다. 그러고 나면 하느님을 그대로 보도록 자유로워지면서, 이 자유가 풀어 주는 커다란 힘을 존경과 사랑으로 다른 사람들과 관계 맺는 데 이용할 수 있다.

하느님과 제한된 관계를 맺어 온 우리에게 도움이 될 방법이 있다. 우리가 갖는 하느님께 대한 잘못된 관념을 잠재우는 것이다. 관상 기도로 하느님 안에서 쉬는 일이 습관화되면, 우리는 행복을 위한 정서 프로그램과 문화적 조건에 따른 동일시를 자동적으로 해체하게 된다. 우리는 이미 깊은 수준에서 하느님과 만나고 있는 것이다. 얼마 가지 않아서 우리가 생각하는 수준으로만 갖던 하느님과의 관계에서 통공하는 수준의 관계로 자랄 것이다. 통공의 관계는 존재와 존재, 현존과 현존의 관계이며 이것이 순수한 믿음 속에서 갖는 하느님에 대한 지식이다.

감각의 밤은 우리가 갖는 투신의 성격을 명료하게 해 준다. 예수님이 "나를 따라오너라." 하신 말씀을 가슴으로 받아들일 때, 그분이 우리를 친구로 부르신다는 것을 알 수 있다. 친구 관계에는 언제나 친구에 대한 투신이 따른다. 이것이 안토니오가 모든 유혹을 물리치고 변형하는 일치로 이르게 만든 성향이었다. 그의 기본적인 방법은 언제나 같았다. 영적 여정에 대한 투신, 끊임없는 기도, 그리고 하느님께서 그에게 지탱할 힘을 주시리라고 굳게 믿는 마음이었다.

하느님이 안 계신 듯 보이는 것, 내적인 정화, 일상생활에서 받는 시험들이 우리의 투신에 도전한다. 우리 시대에는 투신하는 사람이 드물다. 사람들은 자주 직장을 옮기고, 결혼 생활은 끝까지 가지 않으며, 평생 하려고 선택한 직업도 중간에 바꾸고, 수도 생활과 독신의 맹세를 이전처럼 진지하게 여기지 않는다. 사람들이 투신하도록 도와주고 강요했던 이전의 여러 가지 제도는 현대의 문화적인 혁명으로 사라졌다. 이러한 사회적인 발달이 어떤 좋은 것을 가져왔는지는 모르지만, 이전에 있었던 투신의 모습이 적어도 서구 사회에서는 대부분 없어졌다.

젊은 부부는 대부분 결혼을 하면 그들이 부딪칠 상황에 관해서 아무런 대책이 없다. 어려운 상황이 일어나면, 그들은 자주 서로 잘 맞지 않는다고 생각하고 헤어지기로 결정한다. 그리하여 비통하게 이혼을 하고 다른 짝을 구하지만, 결국 똑같이 끔찍한 과정을 되풀이한다. 물론 어떤 투신의 관계는 죽음이나 위험에 이르기도 한다. 또 어떤 관계에서는 로맨틱한 면이 우세하여 자기희생을 해야 하는 사랑의 요구 앞에서 깨어지기 일쑤다.

사실상 투신이 성공하는 관계에서도 어려움은 일어난다. 사랑은 사람을 상처받기 쉽게 만든다. 하느님과 다른 사람에게 사랑받는다고 느끼면 자신을 방어할 필요가 없어진다. 그리하면 방어가 줄어들고 성격의 어두운 면이 의식뿐만 아니라 행동으로도 나타나 어쩌면 배우자를 실망시킬지도 모른다. 당신의 배우자도 비슷한 경험을 할 수 있다.

혼인성사의 목적은 상대방의 어두운 면이 개선되도록 하는 은총을 제공하는 것이다. 이렇게 해서 결혼은 정화와 변형의 학교가 되기도 한다. 부부가 서로의 실수와 어두운 면과 약점을 받아들이면, 서로 간에 하느님의 사랑을 보여 주는 일을 하는 것이다. 인간의 사랑은 혼인성사를 통하여 하느님의 사랑을 상징하며, 그 사랑을 상대방에게 전달하는 것이다. 결혼에 투신하면 자기 인식의 과정을 잘 거칠 수 있게 되고, 이러한 깨달음을 통해 이익을 거두게 된다.

결혼하게 된 동기가 잘못되었음을 깨달았다고 하자. 당신이 남자라면 당신이 전혀 가져 보지 못했던 엄마나, 아니면 당신의 엄마와 똑같은 사람을 찾고 있었을 것이고, 그가 당신의 모든 욕구(빨래하고 매일 밥을 준비하고 당신의 눈물을 닦아 주어야 하는)를 채워 줄 수 있다고 판단했을 것이다. 그러다 자기 인식이 진전하면서, 이러한 결정이 결혼하는 이유로 옳지 않았음을 깨닫게 된다. 그래서 결국엔 '내가 자유를 얻는 오직 한 가지 길은 이 관계를 완전히 청산하는 것이다.'라는 생각이 들지도 모른다. 그러나 자신을 투신하는 경우에, 당신은 "왜 나는 새로운 성찰을 이 관계에 불러들이고 이것이 도움이 되는지 아닌지를 알아보려고 하지 않는가?"라고 말할 것이다.

의존하는 경향이 아주 깊게 스며들어 있을 경우에는, 이렇게 하는 것이 언제나 가능하지는 않다. 아주 심각한 잘못을 저질렀을 경우에는 이별이 정말로 필요할지도 모르겠으나, 투신하는 관계라면 그렇게 새로 얻은 성찰을 부부 관계에 도입해 보려고 먼저 노력할 것이다.

누구도 완전히 순수한 동기를 가지고 수도 생활이나 사제의 길 같은 투신의 길로 들어서지는 않는다. 그러므로 어떤 동기를 가지고 투신의 길로 들어갔는가 하는 것보다는 끈기를 갖겠다는 동기가 더 중요하다.

감각의 밤에 하느님은 우리에게 자신에 대한 책임을 지고 또 그리스도를 따르겠다는 개인적인 응답에 대하여 책임을 지라고 부르신다. 여기에는 우리와 함께 사는 사람들과 더 나아가 인류 전체에 대한 책임도 포함된다.

감각의 밤에, 점차 이전에 우리가 가졌던 모든 힘과 위대한 원천이 사라지는 것을 보면서, 그 투신을 포기하려는 유혹도 매우 커진다. "이 영적 여정은 나에게 도저히 맞지 않아. 나에게는 부양해야 할 가족이 있고 회사 생활도 해야 해. 내 안에서 솟구치는 이 모든 고통스럽고 부정적인 것을 더 이상 감당하지 못하겠어." 이러한 메마름과 유혹이 길어지면, 우리 안에 있는 모든 것이 영적 여정을 아주 끝내 버리고 다시는 시작하지 않겠다고 원하도록 만들기도 한다. 만일 우리 여정에 대한 투신을 거두어들인다 해도 거짓 자아는 여전히 우리 뒤를 따라온다. 어디를 가든지 우리는 새로이 맞이하는 상황에서 다시 그것과 부딪쳐야 하는 것이다. 투신은 이러한 퇴보적인 본능에 반대하며 이렇게 말한다. "절대로 포기하지 않을 거야. 무슨 일이 생기더라도 그리스도의 사랑을 위해 정화의 사막을 지나가기로 결심했어." 이것이 감각의 밤의 작업이 완수될 수 있도록 하는 결단이다.

고독과 침묵에
이끌리는 것

감각의 밤에 하느님은 우리의 외적 감각, 기억, 상상, 이성과 같은 기능을 사용하지 않으시고 우리의 내면에서 영양을 채워 주신다. 관상 기도에서 이러한 기능들이 잠재워지면서 우리의 직관적 기능, 수동적 지력, 하느님을 따르려는 의지가 정점에 이르는데, 이 정점은 나는 누구인가 하는 의식이 우리 안에 현존하시는 하느님께 그 뿌리를 두는 곳이다. 하느님은 언제나 우리 안에 계시지만 우리는 계시지 않는다고 생각한다. 이러한 생각이 인간 조건의 두드러진 착각이다. 영적 여정은 이를 치유하려는 것이다.

우리의 깊은 곳에서 하느님께서 우리에게 말씀하고 계심을 알게 될 때까지 우리는 기도가 메마른 것을 하느님의 부재 때문이라고 생각한다. 침묵은 하느님의 첫 번째 언어다. 그 외의 것은 어설픈 번역이다. 그 언어를 알아듣기 위해 우리는 조용히 앉아 하느님 안에서 쉬는 것을 배워야 한다. 감각의 밤에 이르렀다는 하나의 표시는 고독과 침묵을 좋아하게 되고, 우리가 그 안에서 만족을 얻지 못하면서도 하느님하고만 있기를 원하는 것이다. 하느님에 대해 느끼는 불확실한 욕구를 갖는 것은 성령이 주시는 관상적 선물, 특히 지식의 선물에서 오는 것이다. 그 지식의 선물은 다른 모든 선한 것을 대수롭지 않게 여기게 하면서 감각의 밤이 시작되었음을 알려 준다.

내적 고요에 이끌리는 것은 하느님께서 우리의 감각이나 이성이 아니고, 직관적 기능에 넣어 주시는 순수한 믿음이라는 음식의 결과에서 온다. 처음에 우리는 건조함에 대처하는 방법을 모른다. 그래서 혼란스러운 반응이 일어나 정신 이완을 위해 혹은 정신을 몰두할 일을 하기 위해 모든 기도 과정을 포기하려 들게 된다. 그러나 순수한 믿음의 훈련에 익숙해지면 하느님께 대한 신뢰와 겸손이라고 하는 두 가지 열매를 경험하기 시작한다. 겸손은 우리가 남을 판단하기 싫어하는 것으로 나타난다. 우리의 좋아 보이는 행실에도 이기적인 동기가 끼여 있으므로 아무도 그 동기를 들추어내지 않기를 바란다. 우리의 모든 행동이 이기적인 동기를 가졌으며, 우리가 아무리 노력해도 어쩔 수 없다는 사실을 고통을 느끼며 인식한다.

16세기 스페인의 신비가 예수의 데레사 성녀가 《영혼의 성》에서 기술한 것들을 보자. 데레사는 영적 여정을 기도의 단계라는 관점으로 제시했다. 이것이야말로 많은 사람이 영적 여정을 경험하는 방법이다. 영적 여정을 설명하는 다른 방법도 있기는 하지만 말이다.

　감각의 밤이 완성에 이르려 할 때에 솟아나는 첫 번째 은총은, 마치 신선한 공기가 자신의 영에 들어옴을 느끼는 것과 같은 신비로운 깨달음이다. 우리 존재의 가장 깊은 곳에 현존하시는 하느님께서 뿜어내시는 향기가 우리 영의 기능 안에 도달한다. 예수의 데레사 성녀는 이것을 '주입된 평정'이라고 불렀다. 이 말은 다소 혼동을 일으킨다. 그것은 모든 기도에는 주입의 요소가 있지만, 그것이 우리에게 주어지는 것이지 우리가 만들어 내는 것이 아니라는 뜻이다. 감각의 밤에서도 하느님은 우리 안에 현존하셨지만, 우리는 하느님의 현존을 알아보지 못하여 하느님이 계시지 않는다고 생각했다. 이렇듯 이전에 메마르다고 느꼈던 것이, 이제는 우리 존재의 중심으로 우리를 끌어당기는 어떤 맛좋은 영적 풍미를 가진 것처럼 보인다. 이때 영적 위안은 외적인 감각을 통하여 오지 않고 내면의 깊은 곳에서 솟아오른다. 그것은 샘에서 솟아 감각으로 흘러 들어오기도 하지만, 그것을 솟아나게 하는 원천은 감각이나 지적 활동이 아니다.

　'주입된 평정'은 저항할 수 없는 방법으로 우리를 끌어들이는 것이 아니다. 우리는 언제라도 일어나 나갈 수 있다. 보통은 그 감정이 유쾌하기 때문에 거기에 계속 더 머무르고 싶어진다. 이러한 은총은 자신의 의지가 하느님 안으로 잠입하는 기도인 '평정의 기도'로 확대되기도 한다. 기억과 상상의 기능들이 자유로이 돌아다니기 때문에 스스로 무엇인가를 하기 위해 때로는 이 기억이나 상상과 유희를 한다. 이럴 때, 의지는 원치 않는 활동 때문에 괴로움을 느낀다. 데레사는 이러한 기억과 상상의 방황을 '미친 자의 광란'이라고 부르면서 이것에 주의를 두지 말라고 했다. 그리하여 우리가 원치 않는 사고들이 폭우처럼 들어오는 경험을 하더라도, 우리의 의지가 하느님의 현존으로 향하게 하는데, 이것은 잘 분별되지 않는 일치의 감각이나 혹은 성삼위 중 어떤 위격에 대해 특히 주의를 집중하는 것으로 이루어진다.

다음 단계로서 '평정의 기도'는 '주입된 평정'보다 더 깊어지는 기도다. 이 상태에서 우리는 신성한 활동이 우리의 의지를 영적으로 끌어안으며 꼭 잡아 주시는 것 같은 느낌을 받는다. 그래서 우리의 의지는 거기에서 떠날 수 있어도 그러기를 원치 않는다. 사실은 위안받는다는 감정에 우리가 쉽게 집착하기 때문에 기도하는 시간을 늘리고 싶어지는 것이다. 기도가 즐거워지면 그것을 더욱 얻고 싶어 한다. 그리고 영적인 탐식의 덫에 걸린 우리는 풍성하게 주시는 하느님께 더더욱 많은 쾌락을 얻어 내고자 성급하게 욕심을 부리게 된다.

만일 '평정의 기도'에서 더 깊이 들어가게 되면 상상과 기억이 잠시 정지된다. 하느님은 이 기능들을 당신에게 불러들이신다. 그들은 하느님의 음성을 듣고 기뻐하며 하느님 곁에 모여 더 듣고자 한다. 그리고 우리의 의지는 조용한 중에 하느님 현존을 즐긴다. 그 상태에서 하느님은 더 많은 은총을 우리에게 부어 주신다. 우리 편에서 저항이나 비평을 하지 않기 때문이다. 이것이 바로 '일치의 기도'다.

이러한 상태에서 우리는 실재하는 무엇이 현존함을 인식하지만, 그것은 어떤 형태나 영상, 개념이 아니다. 하느님의 현존은 여러 가지 형태로 나타날 수 있다. 그것은 갑자기 일어날 수도 있고 서서히 우리를 휘어잡을 수도 있다. 이것은 마치 위에서 내려오는 것 같기도 하고 밑에서 올라오는 것 같기도 하다. 빛나는 구름처럼 우리를 감싸기도 하고 우리 안에서 솟아오르기도 한다.

하지만 어떠한 경우든 상상과 기억들이 점차 조용해지면서 깊은 평정의 감각을 갖는다. 그것들이 완전히 조용해지고 모든 의지가 하느님 안으로 빠져들면, 그 안에는 자아 성찰 같은 것이 없다. 이것이 '온전한 일치의 기도' 체험이며, 여기서 모든 기능이 잠잠해지고 하느님 안에서 쉬게 된다.

십자가의 성 요한도 이러한 과정을 묘사했다. 그러면서 여기에 다른 길, 즉 순수한 믿음의 길도 있다고 지적했다. 두 가지 길 모두 변형하는 일치라는 목표로 이끄는 길이다. 변형하는 일치란 내 안에 계신 하느님의 현존에 뿌리를 두고 있는 감각을 말하는 것이다. 요한은 이와 같은 순수한 믿음의 길을 '숨은 사다리'라고 불렀다. 이것이 영적 여정에 오른 사람들이 대부분 체험하는 것이다. 그들은 내적 기도로 이끌리기는 하지만, 데레사가 기술한 잠입의 수준을 경험하지는 못한다. 때로 그들은 자신의 의지가 하느님 안에서 쉬고 있다는 것을 인식하면서도, 늘 끝없는 상상의 방황을 동반하는 메마름을 경험한다. 감각의 밤 중에 진전하고 있으면서도 그들의 기도는 눈에 띌 만한 변화 없이 계속되기도 한다.

어떤 영성 작가는 관상 기도와 함께 얻게 되는 '느껴지는' 하느님 체험이라는 것을 지적했는데, 이들은 그러한 체험이 없을 때에는 관상 기도도 없다고 가정한다. 십자가의 성 요한은 체험한다는 것과 이 이론을 모두 부정했다. 여기에는 빛으로 가득 찬 하느님과의 일치라는 기쁨에 찬 접근의 길도 있고, 또 짙은 어둠으로 접근하는 길도 있다. 다른 말로 하면, 영혼의 성城의 정문으로 초대받을 수도 있고 후문으로 초대받을 수도 있다는 것이다. 앞에 있는 계단으로 오르라고 초대받을 수도 있고 뒤쪽의 계단으로 오르라고 초대받을 수도 있다. 뒤쪽의 계단이라 함은 십자가의 성 요한이 말하는 '숨은 사다리'와 상응한다. 어떤 것이 더 나은가? 그것은 아무도 모른다. 확실한 것은 두 가지 길이 모두 변형하는 일치로 이끈다는 것이다.

　하느님의 실재가 그러한 것과 같이 그분은 오직 순수한 믿음으로만 만날 수 있다. 영적 위안을 통해서가 아니라, 믿음과 사랑의 정화를 통하여 변형하는 일치로 이끌리는 것이다.

　변형하는 일치란 어떤 경험들을 연속적으로 갖는 것이 아니라 의식을 재구성하는 것이다. 이러한 재구성의 과정에서 하느님의 현존은 우리가 살고 있는 3차원의 세계에 네 번째 차원이 되어 주신다. 변형하는 일치의 관점에서 보면 관상 기도의 가장 중요한 요소는 수련 자체이지 그에 따라오는 심리적인 내용이 아닌 것이다. 우리가 이 진리를 온전히 이해하면, 영적인 여정도 훨씬 쉬워질 것이다. 여정을 처음 시작할 때 무슨 일이든 생겨야 한다는 기대와, 일어나고 있는 일에 대한 비평들이 결국 우리에게 불안과 실망을 가져다주는 원인이 된다.

기쁨으로 가득 찬 신비의 길을 즐기는 사람에게나 숨은 사다리를 오르는 사람에게나 영의 밤이라는 정화의 단계가 다가온다. 기도의 단계를 거치는 경험을 하더라도 거짓 자아가 작용하여, 자신도 모르게 만족에 대한 세속적인 욕망에서 영적 여정에 놓인 선한 일들로 그 만족의 대상을 바꾸어 간다. 이 마지막 말은 관상 기도가 주는 영적 위안의 가치를 손상시키려는 뜻이 아니다. 특히 아동기에 정서적인 손상을 크게 입은 사람들에게는 이 위안이 반드시 필요하다. 하느님은 허리를 굽혀서 쓰다듬어 주시고 깊이 상처받은 사람들에게 사랑을 주시어, 그들이 즐겨서는 안 된다고 생각하거나 그렇게 배운 쾌락을 즐겨도 좋다고 확인시켜 주신다. 하느님은 아동기의 정서적 판단을 재평가하고 인생의 좋은 것을 감사하는 마음으로 받아들이라고 우리를 부르신다. 감사함은 영적 여정에서 근본적으로 필요한 마음가짐이다.

하느님의 사랑에 대한 체험은 어디에 진정한 가치가 있는지 정서적으로 이해할 수 있게 한다. 하느님의 선하심을 맛보고 이러한 하느님과의 관계에서 자발적으로 생겨난 겸손을 체험하면, 거짓 자아와 문화적 조건으로 미화했던 프로그램들이 점점 사라지면서 그것들을 붙들어 두기 위해 늘 작용하던 환상도 더 이상 활동하지 않게 된다.

영의 밤, 신성한 일치의 시작

감각의 밤은 거짓 자아를 거의 무력하게 만든다. 그러나 아직 영적인 기능 안에 남아 있는 거짓 자아의 잔재는 우리가 하느님의 특은을 받았다든지 또는 특별한 성소를 받았다든지 하는 비밀스러운 만족감으로 나타난다. 겉으로는 "나는 하느님께 모든 것을 빚지고 있다."라고 말할지 모르지만, 속으로는 아무튼 '그분이 나에게 이러한 은총을 주셨어!'라고 은근히 말하고 싶은 것이다. 또한 영적인 수준에서 소유하고픈 경향도 정화되어야 한다. 이것이 영의 밤 동안에 하는 일이다.

십자가의 성 요한이 신성한 일치의 시작이라고 부르는 영의 밤은, 좀 더 깊은 정화를 하는 더 높은 단계의 전환기다. 요한은 기쁨에 찬 신비 체험 중에도 '경종'이 울린다고 가르친다. 우리는 무의식 안에서 감각의 밤에도 바로잡히지 않은 거친 곳들이 남아 있음을 인식하게 된다. 예를 들면 마음이 습관적으로 산만해진다든지, 문화적 조건의 잔재라든지, 영적 자부심 같은 것 말이다. 영의 밤은 무의식에 있는 거짓 자아의 잔재에서 해방되어 우리에게 변형하는 일치를 준비하게 한다.

영의 밤이 시작되면, 하느님에 대해 '느껴지는' 모든 신비한 체험이 줄어들고 사라져, 기쁨에 찬 길로 인도되었던 사람들은 그 체험이 다시 돌아오기를 간절히 바라는 상태에 들어간다. 이전에 받았던 영적 위안에 비례하여 이제는 결핍의 고통을 체험하게 되는 것이다. '숨은 사다리'로 인도되던 사람들은 하느님의 현존을 별로 즐기지 못했기 때문에 영의 밤이 와도 덜 고통스러울 것이다. 어쨌든 영의 밤은 하느님과의 일치로 나아가기 위해 마지막으로 거쳐야 하는 필수적인 것이다. 이러한 정화 과정 없이는 거짓 자아가 완전히 없어지지 않기 때문에, 무의식 속에 잠재해 있던 영적인 원시 상태가 다시 솟아올라 그 상태로 되돌아갈 위험이 있다.

기쁨에 찬 신비의 길로 이끌리던 사람들은 이러한 은근한 유혹에 넘어갈 기회가 더욱 많다. 그들은 영적 선물을 받은 경험을 가지고 은사를 지닌 선생이나 지도자가 되기도 한다. 그러나 사람들에게 그들 자신의 가르침에 매력을 느끼게 하던 그 은사가 자신도 모르는 사이에 은근히 자신의 이미지를 미화하도록 만든다. 그들이 영적으로 얻은 것으로 말미암아 자신을 예언자, 기적을 행하는 자, 깨달은 선생, 순교자, 희생자, 성령 은사의 지도자, 쉽게 말해 인간에게 주신 하느님의 은총에 자신을 동일시하려는 유혹을 받는 것이다.

영의 밤은 이러한 유혹을 사라지게 한다. 그 이유는 정화 활동을 거치면서 자신이 모든 악을 저지를 가능성을 가지고 있다는 사실을 체험하기 때문이다. 우리가 악한 행동을 저지를 것이라는 뜻이 아니라, 개인적인 죄를 피하거나 죄로 이끄는 거짓 자아의 잔재를 피하기 위해 온전히 하느님에게 의존해야 한다고 느끼는 것이다.

우리 시대는 영적 선물, 유체 이탈, 초월적 존재와의 통교(예를 들면 천사와의 대화), 공중 부양, 신체 기능의 조절, 여러 형태의 치유, 예언 등의 정신적 선물이 많이 알려졌기 때문에 이러한 종류의 유혹을 이해하는 것이 특히 중요하다. 영적 선물을 받은 사람 중에는 그 자신도 다른 사람에게 영적 체험을 하게 만드는 힘을 가진 사람들이 있다. 이는 특히 '성령 안에서의 쉼'이라고 부르는 현상에서 자주 나타난다. 불행하게도 온전히 깨닫지 못한 사람에게 이러한 일이 일어날 경우에는, 그 성공으로 우쭐해진 마음이 그 사람들 머리로 들어가, 자신을 특정한 이상적 자아상으로 동일시하려는 유혹에 넘어가게 되고 결국 거짓 자아의 손아귀로 돌아오게 된다.

봉사는 하느님께서 보내신 사람이라는 증거다. 진정한 예언자, 순교자, 영적 지도자, 혹은 교사들은 다른 사람을 지배하려 들지 않는다. 우리는 예수님이 자주 하느님께서 자신을 보내셨고 자신의 일을 하려는 것이 아니라고 강조하신 것에 주의해야 한다. 예수님은 "그분께서 하시는 것을 아들도 그대로 할 따름이다."(요한 5,19)라고 하셨고, 자신을 비난하는 사람들에게 주로 "나 혼자가 아니라, 나와 나를 보내신 아버지께서 함께 심판하시기 때문이다."(요한 8,16)라는 말씀으로 자신을 변호하셨다.

하느님에게 영감을 받아 일하는 사람은 특별한 부르심을 받고 하느님께서 시키시는 대로 활동한다. 이는 예수님이 당하신 것처럼 하느님 일을 하는 도중에 반대와 배척, 실패와 실망과 박해, 그리고 아마도 죽음으로 점철될 것이라는 뜻이다. 예수님은 하느님의 아드님으로서 자신과 자신의 가르침을 방어하기 위하여 신비적 힘이나 특권을 행사하지 않으셨다. 그분은 자신이 보내졌음을 증거하는 일부로서 지극한 고통과 배척을 받는 체험을 자신에게 허락하시어, 궁극적 실재(하느님)의 본성이 무한한 사랑과 용서임을 나타내 보이셨다. 그의 죽음과 부활은 거짓 자아가 행복과 성공이라고 보아 왔던 모든 것에 대해 커다란 의문을 제기했다.

영적 여정은 성공담이 아니라 자아를 축소시키는 일의 연속이다. 12세기 시토회 수도원장 클레르보의 베르나르도 성인은 자신을 낮추는 것이 겸손에 이르는 길이라고 했다. 낮은 사아상을 가진 사람은 겸손과 신경질적인 자기 비하 사이에서 혼란을 겪을 것이다. 후자는 물론 겸손이 아니다. 자칫하면 겸손이라는 말은 잘못 이해될 수 있다. 겸손이란 기본적으로 신성한 빛에서 오는 경험적 인식으로서, 우리가 하느님의 보호 없이는 모든 죄를 지을 가능성을 가지고 있다는 사실을 인식하는 것이다. 그리고 영의 밤은 겸손을 배우는 집중적인 과정이다.

영의 밤은 다섯 가지 의미 있는 열매를 맺는다. 첫 번째는 우리가 영적 선물과 은사를 가지고 있기 때문에 명예로운 역할을 맡아야 한다는 유혹에서 자유로워지는 것이다. 이것은 하느님의 특별한 은총을 받도록 선택되었다는 은근한 만족감을 정화시켜 준다. 그것은 하느님이 다른 사람 중에서 특별히 나를 뽑으셨다는 생각을 하기보다는 다른 모든 사람과 마찬가지로 나를 다루셨음을 인식하고, 자기를 다루어 주시는 하느님의 특별한 사랑을 그 안에서 발견하는 것이다.

그리스도는 십자가상에서 우리를 대표하시어 자신을 죄의 결과와 동일시하셨다. 이를 통해 보여 주신 주된 현상은 예수님도 하느님께 버림받았다는 것이다. 신성한 특권을 희생함으로써 세상의 구원자가 되시고 완전한 영광으로 이르신 것이지, 그분이 세속적인 성공을 이루어서, 또는 그분에게 주어지지 않은 역할을 스스로 택해서 이루신 것이 아니라는 것이다.

영의 밤에 얻는 두 번째 열매는 어떤 정서의 지배에서 완전히 벗어나는 것이다. 우리는 정서 때문에 또 정서와 지나치게 동일시하려는 경향 때문에 쫓겨 다니는 특징을 가지고 있으면서도, 정서가 원하는 것은 얻으려 하고 원치 않는 것에서는 벗어나려고 끊임없이 애쓰는 자신을 볼 수 있다. 영의 밤은 정서적 변화나 마지막으로 남은 기분의 지배 흔적에서 해방시켜 준다. 이것은 원하지 않는 정서를 단순히 의지의 힘으로 억압하거나 누르는 것이 아니고, 그 정서를 받아들여 우리 본성에 있는 이성과 직관에 융화시키는 것이다.

그 후 정서는 이성과 의지의 결정을 따르고 지지하는데, 그것이 정서의 목적이다. 우리의 정서 생활을 이성과 믿음에 융화시키고, 우리 전 존재를 하느님께 맡겨 드리는 것이 토마스 아퀴나스 성인이 정의하는 인간의 행복이다. 이러한 관점에 따르면, 인간은 자신의 본성과 조화를 이루어 활동하면서 그렇게 활동하는 것을 즐기도록 되어 있다. 이러한 조화를 이루는 상태는, 우리 본성의 영적 부분에 남아 있는 행복을 위한 정서 프로그램에 따르려는 마지막 흔적을 제거함으로써 영의 밤에 이루어진다. 정서적이고 감각적인 수준은 이미 감각의 밤에 잠재워졌다.

영의 밤의 세 번째 열매는 아동기에 가졌던 혹은 우리가 속한 집단에서 숭배하는 하느님에 대한 생각을 정화하는 것이다. 우리가 이전에 알던 하느님은 더 이상 우리에게 관심이 없는 것 같다. 그것만이 아니라도, 하느님은 우리가 기쁨에 찬 신비의 기간 중에 즐기던 친밀한 일치의 경험을 통하여 발달시킨 하느님에 대한 개념도 정화시킨다.

영의 밤에 하느님은 시나이산에서 모세에게 나타나시듯, 호렙산에서 엘리야에게 나타나시듯 무한하시며 이해할 수 없고 더 이상 형언할 수 없는 초자연적인 방법으로 당신을 나타내 보이신다. 순수한 믿음이 주는 체험은 아무도 설명할 수 없다. 우리는 강력하고도 표현할 수 없는 에너지가 내부에서부터 솟아오름을 느낄 뿐이다. 그 강력한 에너지는 분명히 인격적인 방법으로 우리를 다루지만, 어떤 사람에게는 그것이 비인격적인 것으로 경험되기도 한다.

영의 밤의 네 번째 열매는 우리가 전통적으로 '신학적 덕'이라고 부르는 믿음, 사랑, 희망이 정화되는 것이다. 우리의 영적 여정을 지탱해 주고 우리가 의지해 오던 신앙 집단, 신심 행위, 영적 지도, 성지 순례, 성물과 같은 것에서 믿음이 정화될 때, 우리는 인간적이며 종교적, 영적으로 동일시해 왔던 집단에서 배척받는 경험을 하기도 한다. 또 영적 지도자, 혹은 우리의 영적 발달과 삶의 의미를 위해 우리가 의존하던 사람들과 갈라서기도 한다. 우리가 가졌던 영적 여행과 그것을 위해 택했던 방법들, 우리의 성소, 교회, 예수 그리스도, 심지어는 하느님에 대한 개념조차 흔들릴 수도 있다. 이러한 체험은 성경의 위대한 인물들인 욥, 모세, 마리아, 그리고 예수님 안에 반영되어 있다.

예수님의 생애와 가르침은 하느님과의 개인적인 일치 위에 세워졌던 것이지만, 그분은 "저의 하느님, 저의 하느님, 어찌하여 저를 버리셨습니까?"(마태 27,46)와 같은 의미 있는 질문을 하시면서 보여 주는 관계를 경험한 것 같다. 욥은 그 시대에서 완전한 모범이며, 모든 사람에게 선망받는 표본이었다. 그러나 불과 며칠 사이에 그의 재산과 가족과 명성, 심지어 건강까지 모두 잃어버렸다. 친구의 삶에 이러한 비극을 허락하고 보내 주신 분은 도대체 어떤 하느님인가? 욥은 자신의 가련한 처지를 통렬히 불평했다. 하지만 하느님이 하시는 일에 대한 미숙한 생각을 끝내게 해 주었던 체험을 거치지 않았다면, 과연 그는 하느님이 참으로 어떠한 분이시라는 것을 배웠을 것인가?

영의 밤에 얻게 되는 가장 큰 열매는 하느님을 하느님 그대로 받아들이겠다는 마음가짐이다. 그 결과로 그분이 누구신지 혹은 그분이 무슨 일을 하시는지 알지 못해도 하느님이 하느님이심을 받아들이게 된다.

비록 우리는 알아차리지 못하지만, 영의 밤에 순종과 포기가 강력하게 자라난다. 하느님의 빛은 너무 순수해서 인간적인 기능으로는 그것을 감

지할 수 없다. 십자가의 성 요한에 따르면, 순수한 믿음은 어둠의 빛줄기다. 하느님에게서 위안이나 확신도 없고 우리가 의존하던 지주들이 모두 떨어져 나갔기 때문에, 포기는 실존적인 의혹에서 극단적으로는 절망의 순간이 되기도 한다.

우리가 하느님이 누구시든지 간에 그분이시기를 허용하고 또 무엇을 하시든지 간에 그것을 받아들일 때 보이지 않는 신뢰가 솟아난다. 그러한 신뢰는 우리의 선행, 역할, 그 무엇에도 기초를 둔 것이 아니다. 우리는 단지 하느님의 무한하신 자비에 신뢰를 갖는 것이다. 그분의 자비는 본성적으로 허약한 사람이나 극심하게 결핍된 사람에게 손을 뻗치신다. 우리는 그분의 자비하심에 동의하기 시작한다. 하느님의 사랑은 완전한 순종과 복종의 온상에 주입하시어 영의 밤을 통하여 변형하는 일치로 우리를 데려가신다.

영의 밤의 다섯 번째 열매는 아직도 우리 안에 남아 있는 이기심을 떠나보내고, 하느님과의 일치 안에 성장하는 것을 방해하는 모든 것에서 자유로워지려는 열망을 갖는 것이다. 십자가의 성 요한에 따르면 영의 밤에 고통스럽게 체험하던 하느님 사랑의 불길이, 변형하는 일치 안에서는 부드럽고 충만한 사랑으로 체험된다. 자아 중심의 '나'는 아주 작은 '나'가 되고 탈출기의 '있는 나'께서 그 자리에 우뚝 들어서신다. 그러므로 하느님의 계획은 인간 본성을 신성으로 변형시키시는 것인데, 무슨 특별한 역할을 주거나 예외적인 힘을 주는 것이 아니라, 평범한 삶을 비범한 사랑으로 살 수 있게 하시는 것이다.

한 가지 주의할 것이 있다. 우리가 하느님의 계획에 대하여 우리 전통의 위대한 스승들이 제시한 영적 여정을 이야기할 수는 있지만, 영적 여정에서 절대적으로 확실한 점이 있다. 기대하는 일들은 절대로 일어나지 않는다는 사실이다. 하느님은 우리 생각이나 의견에 얽매이실 분이 아니다. 때때로 영의 밤은 즉시 시작되기도 하고, 감각의 밤과 뒤바뀌어서 일어나기도 하며, 때로는 동시에 일어나기도 한다. 폭넓은 독서를 통해서 우리가 이해하는 대로 일이 진행되리라고 기대할 수 있지만, 하느님은 우리 이익을 위해서 그와 반대로 일을 꾸미신다. 어떠한 길을 따르든지 간에 우리는 무지의 세계로 자신을 내어 맡기는 신뢰의 도약을 해야만 할 것이다.

진정한 그리스도인의
삶을 향하여

　　변형하는 일치의 체험은 지속적으로 하느님과 일치하고 있다는 보이지 않는 확신 속에서 일상생활을 살아갈 수 있게 해 주는, 세계 안에 존재하는 하나의 방식이다. 그것은 세상을 떠나지 않으면서 세상에 있는 모든 것을 초월하는 방식이며 세상 안에 존재하는 새로운 방식이다.

　　변형하는 일치에서는 더 이상 정서의 지배를 받지 않는다. 그리고 정서의 변동도 사라진다. 우리가 알던 정서는 사실 실제와 다르며, 다만 우리가 그렇게 해석할 뿐이었음을 인식하게 된다. 정서가 그 이전과 같거나 더 강할 수도 있지만, 귀찮게 구는 감정이라든지 기분이 바뀐다든지 하는 후유증은 없다. 이때의 정서는 그 순간의 특별한 내용에 따라 반응하는 적절한 것들이다. 예수님이 분노에 차서 환전상들을 쫓아내신 것은 이러한 예다. 그 상황이 끝나면 그 정서도 마찬가지로 끝난다. 결과적으로 정서 때문에 죄짓게 되는 일은 없게 된다는 것이다. 우리는 아직 죄지을 수 있음을 인식하지만 죄를 짓도록 하는 자극은 없어졌다. 거짓 자아, 그리고 정서의 지배에서 자유를 얻는 일이 끝난 것이다.

사막의 교부들은 이러한 체험을 '무감정'이라고 불렀는데 그것은 때때로 '무관심'의 뜻을 갖는다. 하지만 그것은 오히려 모든 것에 있는 그대로 크게 관심을 가진다 하더라도 거짓 자아의 특징인 정서의 개입 없이 일어난다.

우리는 다른 사람의 정서적 고통에 필요 이상으로 빠져들지 않으면서도 그들의 욕구를 충족시키기 위해 자신을 자유로이 헌신한다. 우리는 가장 깊은 내면에서 그들에게 자신을 내어 보이면서 그들 안에서 고통받으시는 그리스도를 본다. 우리에게 주어진 내적 자유를 그들과 나누고 싶어 하지만 불안한 마음이 든다거나 그들을 바꾸려 한다거나, 또는 그들에게서 무엇을 얻으려 하지 않는다. 우리는 단지 순수한 선물인 신성한 생명을 가지고, 그것을 원하는 사람들과 나누려고 하는 것이다. 부활하신 그리스도의 생명은 성령의 은사를 통하여 무엇을 해야 하며 무엇을 하지 말아야 하는지를 아주 자세하게 일러 주신다.

이러한 상태의 의식은 잠시 지나가는 것이 아니고 온 삶을 자동적으로 감싸 주는 영구적인 인식이다. 믿음의 엑스레이는 표면에 나타나는 것을 투과하여 하느님 안에 있는 모든 것과 모든 것 안에 계신 하느님을 본다. 그러므로 거룩한 상징에서 출발하여 영적 주의성으로 옮겨 가고, 거기에서 하느님 안으로 더욱 깊이 빠져들어 가며, 그리고 다시 무의식의 정화로 옮겨 가는 일들이 변형하는 일치에서 모두 끝난다. 변형하는 일치에서는 새로운 차원에서 모든 실재를 지각하는 의식의 재구성이 일어난다. 현재 우리는 과거에 위안을 주었던 영적 경험 없이 살고 있지만, 거룩한 은총의 힘에 직접적이고 계속적으로 열려 있는 순수한 믿음과 사랑을 성숙하게 인식하면서 살아간다.

하느님에 대한 체험이 무엇이든지, 또 얼마나 기쁨에 찬 것이든지 간에 그것은 모두 하느님의 현존을 발산해 줄 뿐이다. 이 세상 삶의 어떤 체험도 하느님 그 자신은 아니다. 하느님께서 모든 구분과 체험을 무한히 초월하시기 때문이다.

변형하는 일치에서는 믿음과 신뢰와 사랑의 힘이, 우리가 그것을 체험하든지 아니든지 관계없이 언제나 우리에게 비추어진다. 육체는 덕의 수련, 그리고 감각과 영의 정화를 통하여 준비되고 안정되었기 때문에 육신은 아무런 중단 없이 하느님의 의사소통을 받아들일 수 있다. 하느님의 사랑은 이제 우리의 모든 활동, 심지어 아주 평범한 활동 속에서도 드러난다. 그 속속들이 퍼진 일치는 관상 기도 중에서와 마찬가지로 길을 걸어갈 때나 이를 닦을 때에도 나타난다. 외적 실재와 내적 실재는 모두 하느님 안에 뿌리를 두고 하느님을 나타내기 때문에 하나가 된다. 인간의 전 유기체는 감성화되어서 하느님의 현존을 그대로 받아 나타내지만, 그 어떤 것도 하느님 사랑을 궁극적으로 표현하는 것이라고 잘못 판단하지는 않는다.

신성한 힘은 그 자체가 무한한 잠재력이며 또한 실재력이다. 피조물들은 그 힘이 국소적으로 나타난 것이다. 만일 우리 안에 장애, 즉 거짓 자아가 없다면 우리는 영적인 전도체가 되어 무한한 사랑과 자비로서의 하느님 현존을 다른 사람들에게 전파시켜서 그 영향의 범위를 점점 더 넓혀 갈 것이다.

변형하는 일치는 거짓 자아를 무너뜨려서 익은 열매다. 거짓 자아가 사라지면 곧 변형하는 일치가 일어난다. 자신을 포함하여 모든 것에 대한 비소유적인 태도가 형성되는데, 그것은 이제 무엇이든지 소유하려고 드는 자기중심적 '나'가 더 이상 없기 때문이다. 그것은 우리가 삶의 좋은 것을 이용하지 않는다는 의미는 아니다. 그것을 목적으로 삼지 않으면서 다만 하느님의 현존으로 나가는 디딤돌로 삼는다는 것이다. 성령의 힘이 정점에서 다른 모든 기능으로 여과되어 들어가서는 외적인 감각들을 정화시켜 주어, 경험하는 모든 감각에서 하느님의 현존과 활동을 알아보게 한다. 그리고 존재하는 모든 것 안에 있는 진실하고 아름다우며 선한 것들은 투명해진다.

변형하는 일치는 여러 가지로 나타날 수 있다. 욥에게서 보듯 질병과 외적 시험에 대한 참을성, 이집트의 안토니오에게서 보듯 극심한 고독, 그리고 바쁜 사목 활동 등이다. 그러나 그것은 평범한 방법 이상으로 표현되어야 한다. 신성한 일치가 좋은 것에 방출해 내는 에너지가 굉장하기 때문이다. 분자 물리학에는 한 분자가 파형 안으로 들어갈 때에 무슨 일이 발생하는지에 대한 설명이 있다. 그 파波의 힘은 독립 분자 자체의 힘보다 훨씬 크다. 안토니오는 하느님 사랑의 근원으로 들어가는 움직임을 통해서 그의 사랑의 힘을 얻어 냈던 것이다.

우리는 하느님이 하늘나라의 임금으로서 모든 피조물을 지배하신다고 생각하기도 한다. 물론 그분은 모든 것을 다스리신다. 그러나 그분은 언제나 피조물에 봉사하심으로써 그 권위를 행사하신다. 그분은 이 지구를 창조하시고 매일 공기와 물과 음식을 비롯한 모든 자연 자원을 주시며 절묘한 돌보심으로 키워 주신다. 봉사하시되 대가를 바라지 않으시는 것이 궁극적 실재(하느님)의 특징이다. 변형하는 일치에 있는 사람은 그것을 발견한다. 그러므로 그들 또한 지배자가 아니라 봉사자가 된다.

변형하는 일치는 영적 여정의 첫 번째 목표다. 그렇게 이루어지는 것이 드문 일이기는 하지만, 그것이 정상적인 그리스도인의 삶이어야 함이 마땅하다. 그러므로 하느님과 자신, 다른 사람과 우주와의 모든 관계를 이러한 시각과 이 세상에 존재하는 방법으로 전환시켜야 한다. 변형하는 일치로 이르는 근본적인 수단은 그리스도에 대한 개인적 사랑이다. 여정의 다음 부분은 "아버지와 나는 하나다."(요한 10,30)라고 하시고, 곧이어 "그들이 모두 하나가 되게 해 주십시오."(요한 17,21)라고 기도하신 예수님 말씀의 뜻을 배우는 것이다.

행복 선언과
예수님의 초대

　　행복 선언은 예수님 가르침의 정수다. 이는 행복에 이르는 예수님의 방법을 포괄적으로 제시한다. 또한 그것들은 오순절 은총으로 성령께서 부어 주시는 것들이다. 우리는 세례를 받음으로써 성령의 일곱 가지 은사, 즉 공경, 경외, 지식, 용기, 식견, 통찰, 지혜를 갖게 된다. 이러한 선물은 거짓 자아의 속박이 무너짐으로써 활동하기 시작하며 전달되어 오는 신성한 빛과 사랑을 더욱 명확하고 온전하게 받아들이도록 만들어 준다.

　참행복은 각 수준의 의식에 적합한 성향을 나타내는 지혜의 말씀이다. 그것들은 각 발달 단계의 좋은 점과 한계 두 가지를 모두 보여 준다. 영적 여정의 목표는 몸과 마음과 영을 치유하는 것이다. 예수님은 "건강한 이들에게는 의사가 필요하지 않으나 병든 이들에게는 필요하다. 나는 의인이 아니라 죄인을 불러 회개시키러 왔다."(루카 5,31-32)라고 말씀하셨다. 의사는 병자를 죽여서 고치지 않는다.

이와 마찬가지로, 성령께서는 아동기의 상처와 행복을 위한 정서 프로그램이 일어나게 만든 본능을 죽이면서 그것을 고치시는 것이 아니다. 그보다는 본능적 욕구 중에서 좋은 것은 보존되고, 인간 유기체가 발전하면서 드러나는 가치와는 융화되어야 한다. 생존을 위한 생물적 욕구는 생존이 위협을 받을 때를 대비하여 기본적으로 보존되어야 한다. 다만 이러한 본능적 욕구를 과장하거나 왜곡하는 것은 뒤로 남겨 두고 나아가야 한다. 성령의 은총은 각 수준의 의식을 치유하여, 적절한 가치들이 모든 잠재력을 가지고 인간 유기체를 완전하게 만들도록 공헌하게 한다.

참행복 중 첫 번째는 우리가 이 세상에 오면서 경험하는 의식, 즉 자아가 분리되었다는 인식이 없는 파충류적 의식에 관한 것이다. 파충류적 의식의 주된 초점은 음식, 주거, 생존, 그리고 신체적 욕구의 즉각적인 충족 등이다. 아동기 동안에 결핍을 경험하면, 나중에 그 문화 속에 있는 안전의 상징을 소유하려는 충동을 일으킨다. 예수님은 "행복하여라, 마음이 가난한 사람들! 하늘나라가 그들의 것이다."(마태 5,3)라고 말씀하신다. 이는 소유물이나 안전의 상징 등을 신뢰하지 말고 하느님께 신뢰를 두라고 말씀하시는 것이다.

영적으로 가난한 사람이란 하느님을 위해 괴로움을 받아들이는 사람이다. 그들은 물질적으로도 가난하지만 정서적, 정신적으로 그리고 신체적으로 고통받는 사람들이며, 또 하느님의 사랑으로 그 상황을 받아들이는 사람들이다. 가난한 사람들은 문자 그대로 가진 것이 없으며, 또 가진 것이 있다고 하더라도 다른 사람의 욕구에 따라 혹은 하느님의 뜻에 따라 그것들을 떠나보낼 줄 알기 때문에 하늘나라에서 한몫을 차지할 수 있다. '공경'이라고 부르는 성령의 은사는 가난한 사람들이 속한 문화가 주는 안전의 상징보다는, 하느님께 신뢰를 갖도록 힘을 준다.

빈곤과 궁핍과 고통을 받으면서도 행복을 경험하는 것은 현실을 있는 그대로 받아들이는 데서 오는 열매다. 현실을 받아들임으로써 마땅하다고 생각하는 욕구나 마땅히 해야 한다고 생각하는 행동에 얽매이지 않고 자유로워진다. 그러나 그것은 수동적으로 받아들이는 것이 아니다. 우리는 상황에 따라 우리나 다른 사람을 방어함은 물론 적극적으로 상황을 바꾸고 개선시키라는 하느님의 요구를 받기도 한다.

아동기 정서 생활의 특징인 타이포닉 의식은 참행복 중 두 번째와 세 번째에 나타난다. 이 수준의 의식에서 애정과 존중, 쾌락 그리고 권력과 통제에 대한 욕망 때문에 이러한 본능적 욕구들이 우리 삶을 지배하는 동기의 중심이 된다. "행복하여라, 슬퍼하는 사람들! 그들은 위로를 받을 것이다."(마태 5,4)라는 말씀은 애정과 존중, 쾌락을 지나치게 바라는 욕구에 대해 이야기하시는 것이다.

우리가 **빼앗긴** 것을 떠나보내기를 거부하면 긴장이 생긴다. 사랑하는 사람, 장소, 물건들을 떠나보낼 때 우리는 자동적으로 슬픔을 겪게 된다. 그리고 우리가 사랑하던 것을 잃어버림을 받아들이면, 우리가 이전에 지나치게 의존하던 것에서 자유를 체험하게 되고 그것들과 새로운 관계로 들어간다. 새로운 관계는 일시적인 쾌락에서 절대적인 행복을 얻으려 노력하지 않는 자유에 기초를 둔다. 만일 행복을 위해 어떤 특정한 쾌락을 좇는다면 그것은 곧 우상이 된다.

세 번째로 "행복하여라, 온유한 사람들! 그들은 땅을 차지할 것이다."(마태 5,5)라는 말씀은 힘에 대한 욕망을 뜻하며, "주어진 상황이나 다른 사람과 자신의 삶을 조절하려 하지 않고, 모욕이나 불의를 당하면서도 거기에 타격을 받지 않는다면 너희는 얼마나 행복한가?"라고 말하는 것과 같다.

위의 세 가지 정서 프로그램은 각각 자아의식 안에서 발전하는데, 그 자아의식은 하느님과 일치한다는 확신 없이 증가하는 것이다. 우리의 자아의식이 다음 단계의 의식으로 옮겨 갈수록 하느님과 분리되었다는 감각이 고조되고 결국은 더욱 높아진 소외감을 경험하게 된다.

그리스도교의 전통에서는 파충류적 수준의 의식을 치유하는 훈련을 여러 가지로 제시해 왔다. 유아기에 우리는 먹고 자고 어루만져지는 것과 같은 신체적 욕구와 이러한 욕구가 즉시 충족되는 데 열중하였다. 만약 먹는 것, 자는 것, 일상생활의 습관들을 단식과 철야, 삶의 단순화로 고의적으로 뒤집어엎는다면 우리 안에는 변화가 생기게 된다. 일시적으로 결핍되는 상황에 부딪치면, 그동안 생각했던 것처럼 자신이 신체적 욕구에 그렇게 의존하지 않는다는 사실을 깨닫는다. 신체 단련이나 공동체를 위한 봉사나 노동을 하다 보면 우리는 신체적 충동을 억제하는 힘을 기르게 된다. 그리고 이러한 수련을 통해 쾌락의 욕구를 즉시 충족하는 것에 지나치게 의존하는 성향을 줄일 수 있다.

다른 사람을 조종하려는 욕구를 극복하는 전통적인 방법은 형제적 사랑의 훈련, 다른 사람을 바꾸려 들지 않으며 있는 그대로 받아들이기, 육체적이며 영적인 자비의 일들(배고픈 사람에게 먹을 것을 주기, 병든 사람과 감옥에 있는 사람을 방문하기, 여러 종류의 신체적·정신적·영적인 필요에 응답하기)로 다른 사람을 위하여 봉사하는 것 등이다.

행복을 위한 정서 프로그램을 무너뜨리려고 수련하고 다른 사람의 욕구에 봉사하려고 하는 노력은 성령의 활동을 불러들인다. 이것은 우리 노력에 응답하시어, 하느님께서 수동적인 정화가 일어나도록 우리를 도와주시는 것이다. 그리하여 파충류적이고 타이포닉 수준의 의식에 대한 집착에서 스스로의 노력으로 해방할 수 있는 것 이상의 곳으로 우리를 데려가신다.

신화적 회원 의식의 수준에서 행복을 위한 프로그램은 4세에서 8세 사이에 이루어지는 사회적 발달과 접목하게 된다. 이 기간에 아동은 부모와 선생, 또래들과 텔레비전 방송의 가치관을 흡수한다. 이 시기의 아동은 이들의 영향을 평가할 만한 충분한 이성을 가지고 있지 않기 때문에 그것들을 무조건 흡수하고는 자신의 행복을 위한 정서 프로그램을 새로운 사회적 상황과 연결시킨다. 그리고 유아기 때의 어려운 상황을 다루기 위해 만들어 냈던 정서 프로그램을 이제는 다면화된 사회관계로 확장하면서 이 프로그램을 더욱 복잡하게 만든다.

참행복 중 네 번째는 "행복하여라, 의로움에 주리고 목마른 사람들!"

(마태 5,6)이라고 하신 말씀으로, 우리가 사회 집단에 갖는 과잉 동일시에 관한 내용이다. 그 집단에 받아들여지고 인정받는 것에서 초연해지라는 것이다. 복음의 초대에 응하려면, 우리가 속한 집단에서 존중하고 요구하는 행동을 초월할 필요가 있다. 이는 우리가 국가와 종교, 민족과 가족을 거부하라는 뜻이 아니다. 우리 가족이나 사회 집단에서 받은 좋은 것에 감사하고 그들에게 충성하면서도, 이러한 충성이 절대적이지 않다는 점을 인정해야 한다.

우리는 순진한 충성에 집착하여 가족과 공동체의 결함을 보기를 거부하거나 이루어져야 할 개선점이나 수정할 것들을 보지 못한다. 그렇지만 공동체나 가족 안에 있는 불건전하고 부당한 일들을 개선하기 위해 노력해야 한다. 우리가 자신의 전통과 조직에 머무르면서도 집단의 쇄신을 위해 일하는 자유를 가져야만, 결과를 요구하지 않고 자신의 노력으로 얻는 열매를 보려고 기대하지 않으면서 가족과 사회와 교회를 개선하는 일을 할 수 있다. 성령은 우리가 그리스도에 대해 개인적 응답을 할 용기를 주며, 타인의 말과 기대에 구애를 받지 않게 해 준다.

참행복은 내적 자유의 성장으로 향하는 것이다. 내적 자유의 진전은 우리의 투신이 얼마나 확고한가에 달렸다. 용기의 은사는 "행복하여라, 온유한 사람들! 그들은 땅을 차지할 것이다."(마태 5,5)라는 말씀 속에 나타난다. 다른 사람을 조종하려 하지 않고 들볶지 않으며, 지나치게 흥분하지 않으면서 모욕과 푸대접을 받아들이는 온유한 사람. 그들은 다른 사람의 말이나 생각이 아니라 복음적 가치에서 동일시를 구한다.

또한 온유한 사람에게서는 안토니오가 무덤에서 한 것처럼 반대에 부딪쳐도 굳게 맞서는 용기를 볼 수 있다. 토마스 아퀴나스 성인은 자기 입장을 고수하면서 인내하는 것은 싸움으로 되받는 것보다 더 큰 용기를 요구한다고 했다. 이는 그리스도의 고난을 더 깊이 이해하도록 이끌어 주는 것으로 이러한 고난은 복음을 추상적으로 읽어서 아는 것이 아니라 실생활에서 경험하는 자신의 투쟁에서 배운 것이다.

행복 선언은 예수님이 선포하신 가치관을 우리가 닮아 가도록 우리를 초대하시는 것이다. 우리는 삶의 어려움과 투쟁하면서 예수님께 의존하고 그분의 도움을 믿으며, 영적 위안을 요구하지 않고 그 위안에 의존하지도 않는다. 참행복의 처음 네 가지는 "네 이웃을 너 자신처럼 사랑해야 한다."(마르 12,31)라는 계명과 상응한다. 그것들은 우리를 어린이와 같은 프로그램에서 한 번에 영구히 졸업하여 예수님이 초대하시는 자유로 나갈 수 있게 한다. 즉 우리가 이기심을 떠나보내고, 성령의 움직임에 민감해지는 작업을 지속하도록 준비시켜 준다는 것이다. 또한 성령은 진실하게 노력하라고 우리를 부르심은 물론, 하느님과 다른 사람에게 영웅적으로 봉사하라고 우리를 부르신다.

참행복을 경험한 사람들

"행복하여라, 자비로운 사람들! 그들은 자비를 입을 것이다."(마태 5,7)라는 말씀은 정신 자아적 의식 수준에 있는 온전한 사색적 자아의식과 상응하는 참행복이다. 이 의식에서 우리는 온전한 인간이 된다. 삶에 대한 우리의 반응은 협조적이고 무비판적이며 다른 사람을 수용하는 것이다. 이 참행복은 "내가 너희를 사랑한 것처럼 너희도 서로 사랑하여라."(요한 15,12)라고 하신 예수님의 새 계명을 완성하는 것이다.

새 계명은 이웃을 자신처럼 사랑하라는 계명 이상을 요구한다. 이웃을 내 몸처럼 사랑하는 것은 우리 이웃 안에 있는 하느님의 모습을 최대한으로 존중하는 것이다. 예수님이 우리를 사랑하신 것처럼 우리도 서로 사랑하라는 것은 모든 인간적인 것, 개성과 고집 때문에 성격적 갈등을 겪고 참을 수 없는 상황을 마주한다 해도 서로 사랑하라는 의미다. 이것은 어떠한 상황이 일어난다 해도 계속해서 사랑을 보여 주라는 뜻이다.

자비를 베푸는 사람은 가족과 사랑하는 사람은 물론 공동체의 다른 사람에게도 관심을 보이는 사람이다. 그들의 관심은 궁극적으로 과거, 현재, 그리고 미래의 모든 인간을 포함한다. 예수님의 궁극적인 목표는 세상의 구원에 우리가 종사하게 하려는 것이다. 참행복은 좋은 사람에게나 좋지 않은 사람에게나 햇빛을 비추어 주시는 하느님의 한결같은 사랑을 응답하는 사람과 응답하지 않는 사람 모두에게 나누어 주는 것이다.

우리 시대에 자비로움의 참행복에서 중요한 부분은 자기 자신에 대한 동정심을 수련하는 것이다. 많은 사람이 낮은 자아상으로 자신을 인식하면서 여러 가지의 자기혐오로 고통을 받고 있다. 이 성향은 자부심이 거꾸로 된 것이다. 이러한 사람들은 자기 과장을 하는 대신에, 자신의 자아상이 요구하는 완전함의 이상적인 기준에 미치지 못하기 때문에 스스로 자신을 비하한다. 이 불가능한 기준에 미치지 못할 때에 "너는 좋지 않아."라고 하느님이 아닌 자부심이 말하는 것이다. 그러고는 자라 온 환경과 문화, 그리고 성취하려는 지나친 욕망이 만들어 낸 과도한 기대에 미치지 못하는 것을 부끄러워한다.

대부분 우리는 아동기부터 쌓아 온 정서적 쓰레기의 무거운 짐을 가지고 있다. 우리 몸은 이러한 소화 안 된 정서적 물질들을 저장하고 있다. 성령은 그 쓰레기들을 내버림으로써 치유를 시작한다. 이것은 마음과 육신이 관상 기도 중에 갖는 깊은 휴식을 취하는 결과로 일어난다. 이전에 정서적 스트레스를 다루기 위해 사용되었던 에너지가 지금은 성장에 쓰일 수 있게 된다. 거짓 자아가 억압하고 있기에 사람들은 인간적 잠재력의 극소 부분만을 쓰고 있다. 참행복은 그 잠재력의 활용 범위를 확대하여 엄청난 가능성으로 다다를 수 있게 만든다.

　기도가 점점 깊어짐에 따라, 은총이 우리 정신의 깊은 곳에 이르러서 일생 동안 쌓여 온 정서적 손상과 쓰레기의 짐을 내려놓도록 힘을 준다. 우리 이성과 어떤 특수한 의지의 행위를 통하여 하느님께 가던 것이 이제는 직관적 기능을 통해 더 직접적으로 하느님께로 나아가는 것으로 바뀐다. 그러면 하느님은 외적 감각, 기억, 상상, 논리, 그리고 의지의 행위를 통하지 않고 그 직관을 통하여 우리와 관계를 가지신다. 이 전환기에 우리는 믿음의 위기를 경험하기도 한다. 이때에 정신 자아적 의식 수준에서 직관적 의식의 수준으로 옮겨 간다. 일단 직관적 의식 수준이 이루어지면 우리의 모든 관계가 바뀌면서 이 세상에 존재하는 새로운 길에 적응하는 데 더 많은 시간을 보낸다. 직관적 수준에 상응하는 참행복은 순수한 내심(깨끗한 마음)이며, 마음이 깨끗한 사람들에게는 "하느님을 볼 것이다."(마태 5,8)라는 약속이 주어진다. 그들은 물론 육신의 눈이 아니라 믿음으로 정화된 영의 눈으로 그분을 볼 것이다.

　감각의 밤에 정화된 믿음은 외관을 투과하여 숨겨진 실재를 바라본다. 의식, 성사, 자연, 예술, 우정, 그리고 다른 이를 위한 봉사는 투명해져서 이러한 상징과 사건을 통하여 자신의 모습을 드러내시는 그 신비이신 분께 도달하게 된다. 모든 것은 우리에게 하느님을 이야기한다. 하느님이 가까이에 계시다는 자각과 우리가 우주에 속해 있다는 감각으로 행복감이 일어난다. 그분이 가까이 계시다는 느낌은 '느껴지는' 관상의 단계에서처럼 영적 체험에서 나타날 수도 있다. 이러한 체험은 기도 중에 하느님께 더욱 몰입하면서 깊어지고, 우리의 일상생활과 다른 사람 안에 계신 그분을 느끼게 한다.

나 자신과 다른 사람 안에 계신 하느님을 보는 참행복을 경험하면, 우리는 영의 밤이라고 하는 신뢰의 위기에 도달한다. 이 기간 중에 하느님과의 일치에 대한 열망이 타오른다. 이것이 평화를 이루는 사람들을 말하는 참행복이다. 아우구스티노 성인의 고전적인 정의에 의하면, 평화란 질서의 평온이다. 인간 본성의 올바른 질서란 우리의 정서적, 이성적 삶을 직관적 기능들과 효과적으로 융화시키고 이렇게 통일된 인간 본성을 사랑 안에서 하느님께 굴복시키는 것이다.

신성한 일치 중에 예수 그리스도의 커다란 '나'가 우리의 '나'로 된다. 우리의 동일시는 자신의 관심사나 이익에 뿌리를 두지 않고 그분 안에 뿌리를 둔다. 우리에게 어떤 이기적 관심사가 아직도 남아 있다면 성령의 요청에 따라 기꺼이 그것을 포기해야 한다. 회사로 비유하면, 성령은 우리의 상급자가 되는 것이다.

"행복하여라, 평화를 이루는 사람들! 그들은 하느님의 자녀라 불릴 것이다."(마태 5,9) 평화는 부활하신 날 예수님이 주신 커다란 선물이었다. 예수님이 주신 평화는 감상적인 평화가 아니다. 이 평화는 기쁨과 슬픔, 희망과 절망을 초월한다. 또한 정서를 초월하는 존재의 방식에 뿌리를 두고 있다. 우리는 더 이상 박해의 바람에 쓸려 날아가지도 않고 시련의 홍

수에도 씻겨 내려가지 않는다. 우리의 집은 바위 위에 지어졌고 그 바위는 그리스도다. 어떠한 폭풍에도 그 바위는 힘이 되어 준다. 하느님과의 일치는 보이지 않는 확신이요, 존재의 방식이며, 모든 실재의 4차원이다.

하느님과의 일치로 들어간 사람은 하느님같이 되는데, 물론 하느님이 되는 것과는 다르다. 영의 밤 이전에 영적 위안을 받을 때는 그것이 너무 황홀하여 '하느님이 된 듯' 느낀다. 십자가의 성 요한은 이러한 체험이 변형하는 일치 후에 더 강렬히 일어날 수 있다고 했다. 그러나 하느님과 함께 사는 상태인 변형하는 일치 중에는 오히려 비상한 체험을 가지지 않으면서 일상생활을 겸손하게 살아가도록 이끄는 경향이 있다. 특별한 은사를 가진 사람은 하느님에게 의존하며 이 은사를 행사한다. 결과에 집착하지 않으면서 완전한 자유를 가지고, 어떤 명예로운 역할에 자신을 동일시하지 않는 사람이 피조물에 봉사하는 하느님을 닮은 사람인 것이다.

참행복 중 여덟 번째는 더욱 발전한 의식의 단계, 즉 완선한 지혜의 단계다. 이것이 바로 박해 중에 행복을 찾는 지혜이다. 예수님은 "사람들이 나 때문에 너희를 모욕하고 박해하며, 너희를 거슬러 거짓으로 온갖 사악한 말을 하면, 너희는 행복하다! 기뻐하고 즐거워하여라. 너희가 하늘에서 받을 상이 크다."(마태 5,11-12)라고 말씀하셨다. 이 비상한 세계관에서는 하느님을 위해 박해를 받는 것이 행복의 절정이다.

이러한 참행복을 경험한 사람들은 자기 관심을 지극히 초월하여 자기 자신에 대해 더 이상 소유하려는 태도를 갖지 않는다. 그들의 동일시는 그리스도에 뿌리를 두며, 그리스도는 그 각자가 독특한 동일시를 갖길 원하신다. 그들의 성소가 고통을 요하는 것이면 그들은 고통을 겪으면서 그리스도께 더 효과적으로 봉사한다고 자각한다. 그들은 그리스도의 평화로 들어갈 뿐만 아니라, 다른 이에게 신성한 삶과 평화의 샘이 되어 준다. 하느님에게서 받은 은총의 힘은 마르지 않고 흐르는 물처럼 되어, 그들과 함께 사는 사람은 물론 멀리 있는 사람들과도 그것을 나누게 되는 것이다. 하느님은 그들을 통하여 인류에게 신성한 빛과 생명과 사랑을 부어 주신다.

3

일상에서 하느님과
관계 맺기

순수한 믿음의 길

관상 기도가 무엇인지를 더 잘 이해하기 위해 우선 무엇이 관상 기도가 아닌지를 밝혀 보도록 하자. 관상 기도는 영적 주의성[20]을 깨우치는 출발점으로 쓰이기는 하지만 그렇다고 기술은 아니다. 그것은 행복감을 가져다주는 마법의 양탄자가 아니며, 영적인 행복의 시간도 아니며, 환각적 약물이나 자기 최면 혹은 황홀경을 대신하려는 어떤 것도 아니다.

관상 기도를 성령의 은사로 보아서는 안 된다. 성령의 은사는 바오로 사도가 열거한 여러 가지 신령한 언어를 말하는 은사, 신령한 언어를 해석하는 은사, 지식의 말씀, 병을 고치는 은사, 기적을 일으키는 은사, 지

---

20 순수한 믿음으로 하느님의 현존에 일반적으로 사랑의 주의를 주는 것.

혜의 말씀, 예언을 하는 은사, 영들을 식별하는 은사 등을 말한다(1코린 12,7-12 참조). 바오로 사도에 의하면 이 모든 은사는 그 지방 공동체에 용기를 주려는 목적을 가진다. 이 은사들의 일차적 목적은 그것을 가진 사람에게 이익이 되거나 그 사람을 성화하려는 것이 아니며, 이러한 은사를 가진 사람이 관상 기도를 하고 있음을 보여 주거나, 거룩한 사람임을 보여 주는 표시라고도 할 수 없다. 그러므로 그것을 무작정 선망하는 것은 깊이 생각해 볼 일이다.

아마도 가장 눈에 띠는 은사는 예전에 '성령 안의 죽음'이라고 불렸던 성령 안의 쉼일 것이다. 이것은 성유를 바르거나 축복을 통해, 때로는 치유자를 보는 것만으로도 전달되었다. 이 은사를 받는 사람은 하느님 안에서 쉬도록 이끌리는 경험을 한다. 그 사람은 그것에 동의할 수도 있고 거부할 수도 있다. 만일 동의하면 그들의 외적 감각은 잠시 정지되고 바닥에 미끄러져 내려간다. 거기에는 즐거운 경험이 있기 때문에, 그들은 바닥에 계속 누워서 그 경험을 연장하려 하거나, 아니면 치유자에게 다시 돌아가 이를 재차 경험하려는 인간적 경향이 있다.

지금처럼 이러한 성령의 은사가 늘어나는 때에는 올바로 균형 잡힌 가르침을 통하여 사람들이 이런 특별한 은사의 진정한 가치를 이해하도록 하는 것이 중요하다. 이것은 영적 여정을 시작하라는 부르심이지, 가급적 여러 번 큰 행복감을 가지라고 부르시는 것이 아니다. 후자는 영적으로 탐식하는 행위다.

많은 사람이 매우 의미 있고 때로는 아주 강력한 신비적 은총을 받는다. 하느님은 이미 우리 안에 현존하시기 때문에, 그분이 원하시면 언제나 우리에게 손을 뻗으시어 우리를 당신 현존으로 이끌어 주실 수 있다. 또는 내면의 깊은 곳에 계신 그분이 당신의 비밀 장소에서 살며시 향기를 퍼져 나가게 하신다고 말할 수도 있다. 때로는 특별한 신앙심이 없는 사람들도 이러한 경험을 하기도 한다.

오늘날 일반적으로 교리 교육을 할 때는 그리스도인의 신비적 경험에 대해 자세히 설명하지 않기 때문에 이러한 경험이 자발적으로 일어날 경우, 보통 대부분의 그리스도인들은 이것을 이해하지도 못하고 또 표현하지도 못한다. 어떤 경우에는 두려움을 느끼기도 한다. 사실 이러한 은총은 최상의 부르심이다. 그리스도께서 "나를 따라오너라."라고 직접 말씀하시는 것이 아니라 경험을 통하여 부르시는 것이다. 우리가 바닥에 그냥 누워 있기를 원하면 잠시 잠을 잘 수도 있다.

때로 관상 기도인 듯 잘못 받아들이는 다른 종류의 경험은 일련의 영적 선물이나 유사 심리 현상이다. 요즈음 이러한 일들이 많이 늘어나는 것을 보고 어느 인류학자는 인간이 전반적으로 정신 자아적 의식에서 직관적 의식의 수준으로 옮겨 가고 있다고 말한다.

우리는 인간의 두뇌가 아직 개발되지 않은 잠재력을 가지고 있다는 사실을 이해하기 시작한다. 이것은 단지 인간 성장에 따르는 부산물이다. 만일 이 에너지가 노래, 도 수련이나 요가 수련, 빠르게 걷기, 적당한 뛰기, 혹은 수공예나 정원 가꾸기 등과 같은 가벼운 일들을 통하여 육체에 잘 자리 잡고 있으면 육체는 이 증가하는 에너지를 적당히 분산시켜 준다. 그러나 이 자연적인 에너지가 육체 어느 부분이나 신경 계통에 묶여 버리면 이것들이 영적이나 신체적 현상으로 나타날 수 있다.

직관적 의식의 수준에서도 거짓 자아는 작용한다. 직관적 수준이 제공하는 것(인간 잠재력 성장에 매우 의미가 깊다)은 새로운 에너지다. 그러나 에너지는 에너지일 뿐이다. 문제는 우리가 그것을 어떻게 활용하는가이다. 우리가 본 바와 같이 영적 에너지는 자신을 과시하거나 비상한 은사에 홀린 사람들을 지배하는 데 쓰일 수 있다.

우선 거짓 자아가 상당히 정화되지 않은 상태에서 성령의 은사나 영적 힘은 쉽게 머리로 들어간다. 그렇기 때문에 영적 자부심이 생기고 자기 도취로 빠져들지 않게 하기 위해서는 이러한 은사를 행사하기 전에 영의 밤을 거치는 것이 필요하다.

이제 신비적 현상을 보자. 이러한 영적 현상은 하느님의 현존과 활동으로 영감을 받은 것이다. 육체적 황홀경, 말씀을 듣기(상상이나 영 안에 외적으로 주어진 말씀), 외적 혹은 내적 환시 등이 있다. 파티마나 루르드의 성모 발현은 환난과 전쟁과 박해의 시대를 사는 그리스도인들에게 용기를 부어 주려는 은사일 것이다. 이는 곧, 회개하고 기도하라는 하느님의 부르심이다.

힌두교 전통에는 예수님과 비슷한 시대의 파탄잘리라는 사람이 백 가지도 넘는 시디스siddhis, 즉 영적인 힘을 열거했다. 이러한 힘은 의식 수준의 진전에 맞추어 융화되도록 한 것이다. 그것이 비록 영적이라 해도 어느 단계에 고착되어 더 성장하지 않으면, 그 단계에 적절했던 은사들이

썩어 버릴지도 모른다. 그러면 처음에 이익을 주던 그 은사는 영적 자부심에 빠짐으로써 자신에게 해롭게 되고, 개인적인 만족을 위해 남을 이용하면 그들에게 역시 해가 된다.

지금까지 가장 높이 공중 부양을 한 사람은 17세기 꼰벤뚜알 프란치스코회 수사인 코페르티노의 요셉 성인일 것이다. 요셉은 영적 여정의 어느 기간에 매우 기쁨에 찬 신비를 경험하였다. 그는 하느님을 너무 사랑했기 때문에 예수님의 이야기를 듣기만 하여도 공중에 떠올랐다. 그는 대부분의 공중 부양자들처럼 몇 피트 정도가 아니라 천장까지 올라갔다. 그러나 이것은 수도자들이 시간 전례를 바칠 때 문제가 되었다. 장상들은 요셉의 은사에 대하여 좋지 않은 견해를 가지고 있었지만 그가 워낙 모범적인 수도자였기 때문에 그냥 조용히 관망하기로 했다.

어느 날, 교회 첨탑 위에 놓기 위해 0.5톤이 넘는 거대한 십자가를 주문했다. 당시에는 기중기도 없었고 발판은 결함이 있었다. 그 무서운 십자가가 도착했는데, 첨탑까지 그냥 끌어 올리기에는 너무 위험했다. 별다른 방법이 없었다. 수도자들이 대책 없이 손을 비비면서 서 있는 동안 요셉은 그 일을 하라는 성령의 영감을 느꼈다. 그는 떠오르면서 조금 소리를 지르고는 그 큰 십자가를 쥐어 잡고 첨탑으로 올라가 제자리에 놓았다. 그러고는 사뿐하게 땅에 내려왔다.

그 외에도 요셉은 다른 수도자들과 이야기하는 중에 예수님 이름이 나오면 하느님에 대한 사랑으로 심장에 매우 큰 고통을 느꼈고, 내적으로 하느님 안으로 녹아들었다고 기록되어 있다. 무심코 다른 수도자를 잡으면 둘 다 떠오르기까지 하였다.

이것은 장상들이 보기엔 지나친 일이었다. 그들은 마침내 요셉에게 떠오르지 말라고 명령하게 되었다. 요셉은 그것이 다가오면 저항할 수 없다고 말했지만 장상들은 중지하라고 고집을 부렸다. 그는 매우 순명하는 수도자였기 때문에 공중 부양에 저항하려고 노력했다. 이때 요셉은 결국 우울증에 빠졌다고 기록되어 있다. 이것이 비슷한 증세를 나타내는 영의 밤을 말하는 것이었던가? 그렇다면 영의 밤이 그를 변형시킨 것이지, 공중 부양이 변형시킨 것은 아니었을 것이다.

유사 심리 현상은 관상의 부산물이기는 하지만 핵심 요소는 아니다. 어떠한 생산업자도 부산물을 얻으려고 생산업을 하지는 않는다. 우리가 만일 영적 부산물에 더 관심을 가지면 그것은 잘못된 일이며, 우리가 그것에 의식적으로나 무의식적으로 집착하면 그것은 영적 여정에 장애가 된다. 우리는 영의 밤에 정화 작업을 거친 후에라야 자신이 특별히 선택된 사람이라는 은근한 만족감에서 벗어날 수 있다.

우리 시대엔 특히 영적 지도자가 필요하다. 그들이 그리스도교의 관상적 전통, 기도의 단계, 그리고 여정 중에 일어나는 함정에 온전히 익숙해야 감각의 밤에 들어간 사람들에게 용기를 북돋아 줄 수 있다. 이처럼 영의 밤에 들어가는 사람들은 점점 늘어가고 있다. 그들에게는 이미 관상 기도를 체험한 사람들의 조언이 필요하다. 그들은 또한 영적이나 신비적 현상에 너무 마음을 쓰지 않도록 영적 지혜를 가진 사람에게 주의를 받을 필요가 있다.

누구든지 케이크를 장식한 크림을 먹는 것만으로는 살 수 없고, 순수한 믿음의 단단한 음식을 필요로 한다. 관상 기도의 핵심 요소는 외적이거나 내적인 현상에 있지 않고 순수한 믿음에 있다. 이것이 생명으로 이르는 좁고도 어려운 길이다.

관상 기도를 느껴지는 체험으로 간주하려는 경향이 우리에게 깊이 뿌리박혔고, 불행하게도 점점 그 경향이 강화되고 있다. 근세의 영성 작가 중에는 관상을 느껴지는 하느님의 현존이나 영적 감각의 표현으로 알아보려 하는 이들이 있었는데, 이 감각이란 냄새 맡고 만지고 맛보는 대상을 경험하듯 기도 중에 하느님의 현존을 경험하는 것을 말한다. 영성 신학을 다루는 책에도 관상은 그것이 진실한 것이려면 느껴져야 한다는 가정들을 직간접적으로 볼 수 있다.

봉쇄 수도원의 수도자들은 물론 관상길에 오른 수많은 사람이 관상 기도에 투신하면서도, 아직 예수의 데레사 성녀나 다른 신비가들이 말한 유형과 같이 하느님 은총이 흘러들어 오는 것들을 전혀 경험하지 못하였다. 그렇다면 그들이 덜 관상적이란 말인가? 루스 버로우스는《신비적 기도의 지침 Guidelines for Mystical Prayer》이라는 저서에서 서로 잘 알고 있는 두 수녀에 관하여 이야기했다.

한 명은 가르멜 수녀였고 다른 한 명은 세속에서 바쁜 활동을 하는 수녀였다. 활동적인 수녀는 기쁨에 찬 신비가였다. 하지만 다른 수녀는 전형적으로 단조로우며 믿음이 깊고 순명하는 수도자로서 30~40년 동안 매일 관상 기도를 수련했다. 그 시간은 대부분 고됨과 싫증, 끊임없이 떠오르는 원치 않는 생각들로 꽉 찼다. 그녀는 감각의 밤에서 나오는 대신 전환기를 겪지 않고 영의 밤에 머물러 있었던 것이다. 루스 버로우스는 이 두 사람이 거의 같은 때에 변형하는 일치에 이르렀다고 말했다.

예수의 데레사 성녀는 온전한 일치의 기도가 변형하는 일치로 가는 지름길일 것이라고 했다. 그것이 이 기도의 참 목표인 것이다. 그 기도가 거짓 자아를 무너뜨리는 보통의 과정을 촉진하는 특별한 길일지도 모른다. 루스 버로우스는 환희적 신비는 은사일지도 모른다고 밝혔다. 십자가의 성 요한이 말하는 '숨은 사다리'로 이끌리는 대부분의 관상 기도자에게 이익을 줄 수 있도록 하기 위하여, 또한 관상의 여러 단계를 설명할 수 있도록 하기 위하여, 이렇듯 필요한 심리적 경험이 어떤 사람들에게 주어지는 듯하다.

이는 결국 관상 기도는 근본적으로 어둠의 빛이라고 한 십자가의 성 요한의 훌륭한 성찰로 이르게 한다. 거듭거듭 그는 하느님과 일치를 이루는 데에는 순수한 믿음이 쉽고 빠른 길이라고 말하였다. 그러므로 우리가 즐기는 어떠한 신성함의 경험에서 느끼는 것도 하느님이 아니라 하느님에 대한 해석이거나 우리 안에서 일하시는 하느님의 활동의 빛을 발산하는 것일 뿐인지도 모른다. 순수한 믿음만이 모든 인간적인 경험을 초월하고, 있는 그대로의 하느님에게 접근하게 한다.

십자가의 요한은 만일 한 줄기의 빛이 완전한 진공 속을 통과할 때 우리가 그것을 볼 수 없는 것은 빛으로 지나가는 물리적 에너지를 반사할 먼지가 완전한 진공 속에는 존재하지 않기 때문이라고 말하였다. 우리가

있는 그대로 받아들이면 신성한 빛은 우리의 전 존재로 계속해서 비춰 들어온다. 영적인 감각마저도 그 핵심인 신성한 에너지의 헤아릴 수 없는 순수성과 힘을 감지하지 못한다.

십자가의 성 요한의 첫 번째 편지에 따르면, 이 세상에서는 하느님을 하느님 그대로 보는 것이 불가능하다고 한다. 그러나 우리는 믿음의 어둠 속에서 그분을 아는 것에 동의할 수 있으며, 그 어둠 속에서 신성한 현존에 대한 보이지 않는 확신을 가진다. 만일 십자가의 성 요한의 성찰을 이해할 수 있으면, 우리는 여정 중에 일어나는 커다란 불안에서 해방될 수 있다. 우리 문제의 대부분은 비현실적이고 충족될 수 없는 기대를 하는 데서 온다.

순수한 믿음의 좁은 길이 우리를 생명으로 이끈다. 십자가의 성 요한의 이러한 가르침은 마천루에서 급행 승강기를 타는 것과 완행 승강기를 타는 것 사이에 있는 차이를 묵상함으로써 예증될 수 있다. 완행 승강기는 층마다 서기 때문에 한 층 한 층 멈추어 서서 보면 경치가 더 좋다. 그런데 문제는 그 경치에 매혹되다 보면 승강기에 다시 올라타지 못할지도 모른다는 데 있다.

십자가의 성 요한은 자기 제자들에게 영적 현상을 받아들이거나, 실제적인 체험을 바라는 것을 금했다. 후자는 신성한 일치의 일부로서 받아들일 수 있는 것이지만 그것을 바라지는 말아야 한다고 가르치는 것이다. 음성을 듣거나 향기를 내거나 내적 혹은 외적 환시 등을 경험하면, 그것에 저항하라고 강력히 권고했다.

그 은사가 높은 것일수록, 거짓 자아의 잔재와 영적 자부심의 잔재에서 보호받기 위해 감각의 밤은 우리에게 더욱 필요하다. 우리가 영적 자부심의 낚시에 물리면 영적 여정은 갑작스럽게 멈춘다. 맨 위층에 도달하기 위하여 급행 승강기(즉 순수한 믿음의 길)를 타는 지혜가 무의식을 덜어 내는 과정에서 부산물로 생기는 신비 현상을 피하는 길이다.

순수한 믿음의 길은 우리의 영적 여정이 어디쯤 와 있는가를 염려하지 않고, 우리를 다른 사람과 비교하지 않으며, 다른 사람이 받은 선물이 나의 것보다 더 좋다고 판단하지 않는 마음으로 관상 기도에 전념하게 만든다. 우리의 기도에 어떤 심리적인 내용이 있든지 상관하지 않고 신성한 활동에 순종하면 이 모든 의미 없는 생각을 절약할 수 있다. 순수한 믿음 속에서는 완전히 성장한 사람에게도 여정의 결과들이 감추어지는 경우가 매우 많다.

이제 흘러들어 온다고 느껴지는 은총을 전혀 경험하지 않은 수녀의 이야기로 다시 돌아가자. 자신의 원시적 감정과 아동기 초기에 받은 정서적 상처들을 덜어 내느라 무서운 투쟁을 해 나가면서도 그 수녀는 무료하고 습관적인 관상 기도를 열심히 했다.

어느 날 그녀는 수녀원의 정원에 들어서며, 모든 것이 바뀌었음을 갑작스럽게 인식했다. 자신의 자아에서 '나'는 아무것도 남아 있지 않고 그리스도의 커다란 '있는 나'가 인식의 중앙 무대로 들어온 것이다. 그녀의 동일시의 원천은 더 이상 자기가 알던 자신이 아니고 자신 안에 있는 그리스도가 되었다. 그리스도의 부활하신 생명이 그녀가 잠자고 걷는 모든 행동에서 나타나기 시작하였고, 또 그 생명이 지칠 줄 모르는 결단을 가지고 성소를 완성할 힘을 그녀에게 넣어 주는 것이었다.

이를 보면 변형하는 일치로 이끄는 것은 영적 체험이 아니라 여정에 투신하면서 수련을 충실히 행하는 것임을 알 수 있다. 이러한 체험이 우리를 투신하도록 도와준다. 때때로 우리의 상처와 어릴 적의 정서적 고통이 치유되기 위하여 이러한 체험이 필요하기도 하다.

그러나 일단 치유가 일어난 다음에 하느님은 우리를 어른처럼 다루며 일하신다. 그러면 우리는 생명으로 이끌리는 좁은 길, 즉 순수한 믿음의 길로 들어선다.

하느님이 우리 안에 현존하시고 활동하시는 것에 우리가 동의하고 받아들일 수 있도록 이제 믿음의 신성한 빛이 온전히 우리에게 주어진다. 그것은 먼저 우리의 깊은 상처들을 치유해 주고 또 다른 이와 치유를 나눔으로써, 전 생애에 있었던 상처들을 치유하고 변형하는 빛으로 우리를 이끌며, 그리스도의 구원 계획에 들어갈 수 있도록 힘을 준다.

만일 매 순간 은총의 신성한 에너지가 존재의 밑바닥으로 침투해 들어오면, 그것은 우리의 모든 삶에 영향을 미친다. 변형하는 일치에 이른 사람들은 그들이 살아가는 모습으로 그들이 어떠한 사람인지를 드러낸다. 그러나 그 변화를 자신들은 자각하지 못할 가능성이 많다. 조용히 살고 세속에서 열심히 기도하면서도, 자신들은 수도자가 되지 않았기 때문에 관상 기도가 아니라고 생각할지 모른다. 근세에 와서 관상에 대한 오해를 가진 나이 든 수도자들은 자신들이 관상가가 아니라고 생각할지도 모른다. 이들은 관상에 실패한 듯 보일 수도 있다. 그러나 자신의 영적 상태에 대해 흥분하지 않을 만큼 실제로는 거룩할 수도 있다. 이것이 곧 숨은 길로써 얻게 되는 승리인 것이다.

순명만으로는
하느님의 뜻을 분별할 수 없다

〈미션〉이라는 영화가 있다. 이 영화는 17세기에 남미의 파라과이, 아르헨티나, 브라질 접경에서 일어났던 사실을 다룬다. 예수회 선교사들은 원주민들이 자급자족하는 공동체를 만들었다. 이 원주민들은 여러 해 동안 그들의 땅을 통치하려는 유럽 강국에 희생되어 왔다. 예수회 선교사들이 원주민의 복지와 자주성을 이루는 일에 어느 정도 성공하자, 이 공동체는 스페인과 포르투갈의 노예 거래와 식민지 확장에 위협이 되었다.

스페인과 포르투갈 정부는 이 선교사들과 공동체의 저항에 직접 부딪치지 않으면서 침체되어 가는 노예 거래를 다시 확대하기 위해 교회에 상당한 압력을 넣었다. 정부 관리들은 교황이 이 선교를 끝내지 않으면 자국 내의 모든 예수회를 문 닫게 하겠다고 협박했다. 유럽과 전 세계의 예수회를 살리기 위하여 이전에 예수회 회원이었던 교황 사절이 선교 사업을 닫으라는 밀명을 가지고 이곳에 도착했다. 이 사절이 처한 딜레마를 이해하려면, 그 당시 예수회가 트리엔트 공의회의 개혁을 전하고 전 세계에 대학과 피정의 집들을 만들어 가고 있었음을 마음에 새겨야 한다. 교회 개혁에 대한 이 모든 노력을 끝낸다는 것은 중대한 손실이며 나아가 큰 재난인 것이다.

이 사절은 이 지역 예수회가 선교 사업을 통해 하고 있는 훌륭한 일을 목격했다. 그는 정글에서 나와 예수회 선교사들에게 그리스도교 신앙을 배우고 계몽된 사회적 가르침을 받은 행복하고 부지런한 원주민들을 만났다. 내적으로 괴로운 싸움과 기도를 수차례 한 다음, 그는 이 선교 사업을 끝내라고 명령했다. 그러나 원주민들은 떠나기를 강하게 거부했고, 몇몇 예수회 회원들도 그들 편에 서게 되었다. 선교 사업을 창설한 사람은 폭력을 쓰는 것만은 거부했다.

유럽의 권력가들이 고용한 용병들은 대포로 무기력한 모든 원주민과 선교사를 공격하고 학살한다. 영화의 마지막 장면에서 스페인과 포르투갈의 대사들은 그 상황을 보고하기 위해 사절을 만났다. 사절은 그 학살에 소름이 끼쳤다. 그는 끓어오르는 모욕감을 가지고 "정말 이런 학살이 필요했단 말이오?" 하고 물었다. 한 대사가 이 사절의 분노와 격정을 진정시키려고 "너무 마음 상하지 마십시오. 여하튼 지금 세상은 이렇습니다."라고 달래듯 대답하였다.

그러자 그 사절이 "아니오! 세상을 이렇게 만든 것이 바로 '우리'란 말이오."라고 말했다. 그는 의자에서 일어나 창문으로 가서는 밖에 있는 무엇을 응시하면서 자신에게 더 정확히 말하려는 듯 이렇게 덧붙였다. "이렇게 세상을 만들어 간 것이 바로 '나'야!" 그 눈에는 눈물방울이 어른거렸다.

이 〈미션〉이라는 영화는 우리 시대와 우리 각자에게 가장 중요한 질문을 던지고 있다. 이것은 사회적 불의의 책임에 대한 질문이다. 죄 없는 사람들이 세계 권력자들의 경제나, 지역권 이익에 장애가 될 때 이 사람들에게 어떠한 일이 일어나는가? 신화적 회원 의식의 수준에서 그 대답은 "이런 것이 바로 세상이다."이다. 누구든지 돈이나 힘을 많이 가진 자가 이긴다. 국가적인 이익이 언제나 우선하는 것이다. 그러나 성숙한 그리스도인은 이렇게 말한다. "아니다. 이것은 정의가 아니다. 무력으로 죄 없는 자들을 착취하는 것은 참을 수 없다. 억압은 엄청난 정도의 집단적 죄이며 심각한 결과를 가져온다. 이 같은 엄청난 악에 어떻게 내가 휩쓸리지 않고 자유로울 수 있단 말인가?"

신화적 회원 의식의 한계성은 특히 특정 문화나 이익 집단의 가치에 충성을 다할 때, 그리고 복음의 가치에 온전히 응답하려고 할 때 우리에게 장애가 된다. 우리는 개인적이거나 사회적인 문제를 다룰 때 우리 안에 깊이 깔려 있는 가치관이나 선입견으로 그것을 대한다. 정의를 위한 배고픔과 목마름의 참행복은 하느님과 다른 사람, 지구 환경, 우리 시대의 악화되는 광범위한 사회 문제에 대한 우리의 태도에 개인적인 책임을 짊어지라고 촉구한다.

그 시대의 문화적 조건의 영향을 받은 아브라함 링컨은 노예 해방령에 서명하는 것을 주저했다. 임기의 처음 여러 달 동안 그의 가장 큰 관심사는 연방을 보존하는 것이었다. 헌법이 각 주의 권리를 인정하였고 남부 주들에게는 노예가 그들의 권리였기 때문에 그 노예법이 새로 편입하는 서부 주들에게까지 확대되지 않는 한 링컨은 남부 주들의 노예 제도를 옹호했다. 후에 그는 노예 제도의 악습이 남북 전쟁의 일차적 문제임을 안 뒤에야 노예 해방령에 서명했다.

근래 들어서 인종 차별은 세계적인 관심사로 발전했다. 모든 종류의 망상적인 논리의 지원을 받아 백인이 흑인보다 우세하다는 주장을 펴면서 부당한 정치 구조를 지지한다. 만일 누군가가 이러한 상황에서 자라나면 그들은 이런 생각을 무조건 흡수하게 된다. 식민주의의 인종적인 색깔은 여러 세기 동안 유럽의 병든 사고방식을 반영해 왔다. 우리가 불의한 상황에 일단 동의하고 나면, 이성이 여기에 협력하여 그것들을 합리화하고 정당화하도록 논리를 만들어 가는 것이다.

그리스도교의 여러 종파들은 유럽의 식민주의적 사고방식을 가지고 아시아에 선교사를 보냈다. 선교사들은 서방의 문화가 동방의 문화보다 더 나으며, 아시아 사람은 모두 이방인 무리라는 관점에서 설교하였다. 사실상 많은 경우에 아시아인들은 교회가 회개시키려고 했던 중세 유럽인들보다 훨씬 높은 문화를 가지고 있었다. 선교사들의 사고방식은 자신들의 선입견이나 고정 가치관에 대해 의문을 품지 못하게 하였다. 그 결과로 그들은 4세기 동안의 선교 활동에도 진전을 보지 못했다. 그것은 그들이 현지 문화를 존중하지 않았고, 결국 그 문화 안에서 복음대로 살려고 하는 노력이 없었다는 것이다.

우리 시대에 몬차닌 수도원장, 헨리 르소, 베데 그리피스 신부 등은 인도에서 새로운 길을 개척하였다. 그리피스 신부의 사원에서는 힌두 경전의 구절들이 인도의 수도 제도인 산야시의 관습과 함께 전례에 삽입되었다. 그리스도교 수도 생활의 가치가 현지 사람들이 이해할 수 있는 방법으로 생활화된 것이다. 이것이 하느님을 섬기는 데 그들의 창조력을 자유로이 발휘하고, 또 자신들이 받은 종교 교육과 세속의 철학적, 국가주의적 가치에 대한 지나친 의존에서 탈피한 사람들의 천재성이다.

만일 가톨릭 신자들이 신화적 회원 의식의 수준에서 탈피하여 나치 운동과 자신들의 관계에 대해 개인적인 책임감을 가졌더라면, 그들이 그렇게 쉽게 그 운동에 따랐을 것인가? 프란츠 예거슈테터는 그 전쟁이 부당하다고 믿었기 때문에 징병을 거부했다. 그에게는 사랑하는 가족이 있었으나 그것이 그에게 최고의 우선순위는 아니었다. 그의 양심은 "너는 이렇게 불의한 정부나 그 전쟁을 지원할 수 없어!"라고 말하였다. 그는 독일 군대에 들어가기를 거부하여 감옥에 갇히고 결국 참수당했다. 양심을 위해 순교하였으므로 그는 종교를 위해 순교한 것과 같다.

예수님은 "행복을 사랑하는 사람은 복되다."라는 형식이 아니라 "행복을 위해 일하는 사람은 복되다."라는 형식으로 말씀하셨다. 사람들은 자신이 탄 배가 흔들리기를 원치 않고 당혹한 일들이 벌어지기도 원치 않는다. 자본주의자들은 노숙자들에게 당황하여 그들을 숨겨 버린다. 최근까지도 공산주의자들은 반대자들을 숨기려 하였다. 모든 고정 관념과 편견과 선입견은 평화를 위하여 일하는 사람들을 두려워한다. 독재자들은 평화를 사랑하는 사람들을 잘 다룰 수 있다. 억압받거나 다른 사람이 비참해져 그들의 생활이 동요되지 않기를 바라는 마음에 미끼를 던져 주면서 말이다. 신화적 회원의 고정 관념은 다른 사람의 권리와 욕구를 무시하는 경향이 있기 때문에 심각한 불의를 가져온다.

신화적 회원 의식을 초월하여 나아가는 것은 온전한 인간이 되기 위해 꼭 필요하다. 전 인간이 정신 자아적 의식 수준에 이른 것이 기원전 3000년경이기는 하지만, 개인적인 책임을 지는 성숙함은 우리 각자 내면화시켜야 한다. 이러한 성숙은 우리의 퇴행적 경향과 소속감과 자아 가치감을 주는 국가, 인종, 종족, 종교 집단에 대한 과잉 동일시로 인해 강력한 저항을 받는다. 이러한 퇴행적 경향은 우리가 속한 공동체의 이름으로 지속되는 불의에 대해 책임을 지려는 것을 방해한다.

국가들은 아직도 신화적 회원 의식의 수준에서 국가 간의 차이를 해결하려고 애쓴다. 다음의 이야기로 이것을 살펴보자. 네다섯 살 먹은 아이가 모래성에서 친구와 놀고 있었다. 그 애는 갑자기 그 성을 독차지하고픈 생각이 들었다. 그래서 아이는 친구에게 말했다.

"내 모래성에서 나가."

다른 아이가 대답했다.

"싫어."

"나가."

"싫어."

"나가."

이렇게 실랑이를 하다가 아이는 마침내 친구를 몰아냈다. 이것이 너무 재미있어진 아이는 그 모래사장에 있는 다른 모래성에도 가서 다른 아이들을 하나씩 밀어 내기를 거듭한 끝에 모래성 열 개를 차지했다. 왕국을 만든 셈이다.

국가들 사이에 있는 이견을 이런 식으로 해결하는 것은 합리적이지 않다. 특히 무기가 큰 파괴력을 가졌을 때 적에게 이 무기를 사용하는 경우, 자기 자신도 파괴할 수 있다. 정당한 전쟁 이론에서 가장 중요한 조건은 죄 없는 사람들을 다치게 하거나 죽이지 말아야 한다는 것이다. 그러나 현재 사용되는 무기의 위력을 보면 이러한 조건을 지키는 것이 사실상 절대적으로 불가능하다. 금세기의 전쟁은 군인보다 시민들을 몇 배 더 살해하고 있으며, 이 비율은 증가하고 있다.

이러한 상황에서 세계 종교들의 책임이 무엇인가, 라는 질문이 제기된다. 역사적으로 보면 종교들이 심각한 폭력, 전쟁, 편견, 편협성 그리고 끝없는 분열을 조장해 왔다. 그렇지만 이들은 다른 기구들보다 더 세계 평화의 문제를 제기하고 인간 가치를 강조하면서 상호 간에 나누고 선언해야 하는 의무를 가진다. 그들의 집합적인 양심은 세계 권력 국가들의 국가적 이익에 도전할 수 있다. 그렇지만 아직도 인간의 기본적 가치, 특히 정의와 평화를 위하여 한 목소리로 외칠 수 있는 연락망이 구축되어 있지 않고 장소도 없다.

군대가 전쟁을 끝낼 수 있다고 생각하지 않는다. 전쟁은 그들의 직업이다. 전쟁을 없애는 유일한 길은 그것이 사회적으로 거부되는 것이다. 만일 세계 종교들이 인간에게 그들의 공동 근원과 모든 인간이 신성으로 변형될 잠재력을 가지고 있음을 이야기한다면, 죄 없는 사람들, 나아가 전 인류를 대신하여 함께 아주 큰 도덕의 목소리를 낼 수 있을 것이다.

사회적 관심 없이는 아무도 그리스도인이 될 수 없다. 누구든 하루라도 굶주리는 사람이 있어야 할 이유가 없다. 자원이 있는데 왜 수백만이 굶주려야 하는가? 그것은 탐욕 때문이다. 다시 말해 대부분의 사람들이 올바른 질문을 하거나 시대에 뒤떨어진 세계관을 묻지 않는다는 고정 관념에서 나온 무의식적 탐욕 때문인 것이다. 정신 자아적 의식 수준에 이른 사람들은 대화와 조화, 협력과 용서, 그리고 사랑하는 사람이 되어야 할 필요가 있음을 자각한다. 우리는 지금 일어나고 있는 세계화에 비추어서 윤리적 원칙을 재조명하는 내적 자유를 가지고 우리 시대의 문제를 창조적으로 다루어야 한다.

이러한 문제 중의 하나는 우리가 가꾸는 이 지구와 우리와의 관계다. 우리는 최소한 이 환경을 더 이상 손상하지 않고 다음 세대로 넘겨주어야 하는 의무를 가지고 있다. 우리는 이 위성에 잠시 머무르는 손님이며 우리가 간 다음에 무슨 일이 일어날지에 대해 생각하여야 한다. 우리가 세상을 떠나며 이것을 넘겨줄 때에 인류와 분명히 새로운 관계를 갖지만, 우리가 살아 있는 동안 그것에 대해 가진 태도는 우리가 죽은 다음에도 계속될 것이다. 이것이 최후의 심판에 대한 비유(마태 25,31-46 참조)의 의미다. 어떤 형태의 인도적 행위는 우리가 죽은 다음에도 사라지지 않는다. 가장 작은 하느님의 사람에게 한 일 혹은 하지 못한 일은 영원의 나라에서 우리에게 일어날 것이다.

이 비유에서 예수님은 하느님의 왕국을 차지할 사람들을 이렇게 말씀하셨다. "내가 병들었을 때 너희는 돌보아 주었고 내가 굶주렸을 때 너희는 먹을 것을 주었고 내가 감옥에 갇혔을 때 너희는 찾아 주었다."(마태 25,35-36 참조)

이 말씀에 따르면 예수님은 가난하고 병든 자들 속에서 같이 고통받고 계신다는 것을 알 수 있다. 그리스도의 마음을 가지면, 우리 또한 다른 이들이 고통받고 있다는 것을 알아내고 우리가 가능한 범위에서 그들을 도와주게 된다.

억눌린 자들 속에서 고통받는 그리스도를 깨닫는 것은 정신 자아적 기간 동안에 심어진 씨가 완전히 자라난 직관적 의식의 열매다. 오늘날 사람들의 평균적 의식은 신화적 회원의 수준에서 성숙한 정신 자아적 수준으로 아직 넘어가지 못한 상태다. 관상의 여정은 그 성격 자체가 성령의 은사에 따라 온전한 인간적 방법으로 행동하도록 나아가라고 부르는 것이다. 이러한 은총은 모든 것을 있는 그대로 받아들이게 함은 물론 정당하지 못한 것을 바꾸도록 은총의 신성한 에너지를 준다.

용기의 은사는 정의에 대해 배고픔과 목마름이 생기게 한다. 이러한 성향이 우리의 퇴행적 경향과 문화적 조건의 지나친 영향에서 우리를 벗어나게 해 준다. 이집트의 안토니오의 경우에서처럼 우리를 두려움에서 해방시켜 주는 것이다.

인간은 아직 기원전 3000년경에 일어난 부계적 문화에 머물러 있다. 상상력을 발휘하지 않고도 우리는 남자와 여자가 현대의 세계적 문화에서 동등하게 취급받지 못하고 있다는 사실을 확인할 수 있다. 그 문화의 진보에 따라서 차별이 더욱 심하다. 참행복에 대하여 구조적이고 조직적으로 투신하는 것만이 중독성을 가진 사회의 특징인 착취에 대한 조직적인 투신을 상쇄할 수 있다.

제2차 바티칸 공의회는 복음의 가치가 이 지구의 누구에게나 도달하게 하려는 성령의 움직임이라고 했다. 그것은 정신 자아적 의식에 맞추어진 구조를 통하여 사람들이 이해할 수 있는 내용으로 메시지를 바꿀 것을 요구하고, 말로써는 아무 소용이 없는 실제적 관심의 실례를 보여 줄 것을 요구한다.

제2차 세계 대전 이후에 그리스도인의 의식 속에 섬세한 전환이 일어난 듯하다. 단순한 생활 방식, 내적 성덕, 권위에 대한 무조건의 순명 등 나자렛의 이상은 4세기 순교 시대에 종지부를 찍으면서 그리스도인 거룩함의 기본적 모델이 되어 왔다. 전 인간의 의식 수준이 정신 자아와 직관적 수준으로 옮겨 가면서 이러한 거룩함의 모델이 바뀌고 있다. 중요한 일에 있어서 단순한 순명만으로는 더 이상 하느님의 뜻을 분별할 수 없게 되었다. 실제적 상황, 전문적인 조언, 다른 사람의 욕구, 은총의 내적 이끌림, 영적 지도, 시대의 징표 등 다른 요인도 고려해야 한다.

모든 상황에서 그리스도의 부르심에 응답하는 개인적 책임을 지도록 정신 자아적 의식이 우리를 촉구한다. 그 책임은 지역 본당, 교구, 혹은 수도 단체의 전통적인 도덕에만 해당되지 않는다. 더 나아가 전 교회와 인류, 가족에도 책임을 느껴야 한다. 당국과 전통에 대한 존경이 진실로 필요하기는 하지만, 그 책임감은 특히 관상적 차원과 복음의 사회적 적용 등과 같은 복음적 도전을 더 잘 알려지게 하고, 더 이용할 수 있게 하는 방법을 시작하라고 재촉한다.

세상을 바꾸는
사랑의 실천

돔 헬더 카마라 대주교는 중남미에서 '기초 공동체'라는 공동체를 조직했다. 이 공동체에서는 사람들에게 복음의 부르심에 대한 응답으로 개인이나 공동체적으로 책임을 지라고 가르친다. 이것은 때로 정치적인 입장을 취한다는 의미도 갖는다. 어떤 정부의 정책에는 불의가 포함되어 있기 때문이다. 이 기초 공동체 회원들은 복음을 읽을 때에 자신이 그 복음의 일부를 이루는 것처럼 그 말씀에 나오는 인물과 자신을 동일시하면서 복음의 원칙을 일상생활에 적용했다. 내가 알기로는 이 사람들이 "우리가 개인으로서뿐만 아니라 공동체로서도 참행복으로 살아갈 수 있는가?"라는 질문을 첫 번째로 했다. 만일 거기에 영국의 대헌장과 같은 제도적 힘이 있었다면 그들은 아마 세계를 바꾸었을 것이다.

나는 1984년 10월 7일에 뉴욕의 성 요한 대성당에서 열린 세계 종교회의에서 돔 헬더를 소개하는 특권을 얻었다. 그는 키가 작았고 얼굴에는 주름이 깊게 패였으며, 두 눈 밑에는 살이 커다랗게 늘어져 있었다. 아무도 그의 영어를 알아들을 수 없었지만 그의 모습만 봐도 그가 무엇을 주장하는지 알기에 충분했다. 그 회의의 핵심은 참석자들이 우리 시대에 종교의 핵심적 측면으로서 평화에 대해 투신하여야 한다는 의식을 고조하기 위한 것이었다.

거기에 모인 모든 종교 대표는 이구동성으로 오늘날의 전쟁은 막기 어려울 만큼 위험한 것임을 선언했다. 우리 시대의 상징적인 무기들이 필연적으로 많은 시민을 살상할 수 있기 때문에, 국가들이 자국 영토와 이익을 방어하기 위하여 도덕적으로 사용할 수 있는 대안은 비폭력적인 저항 방법뿐이다. 이러한 입장은 국제적 중재 기구, 특히 유엔과 같은 기구를 지원하고 강화하는 것을 의미한다.

그 뒤 유엔의 교회 센터에서 세계의 다른 종교 지도자들과 사적인 모임을 가졌다. 그리고 브라질의 가난한 처지에 대하여 듣기 위해 돔 헬더를 초대했다. 그가 전 생애에 걸쳐 봉사해 온 사람들을 '가난한 사람들'이라고 부르는 것은 적절치 않았다. 그들은 차라리 '아무것도 가지지 못한 사람들'이었다. 예수님은 "가난한 사람들은 언제나 너희와 함께 있을 것이다."라고 하셨지, "아무것도 가지지 못한 사람들이 언제나 너희와 함께 있을 것이다."라고 말씀하시지는 않았다. 가지지 못한 사람들은 우리의 책임이다.

돔 헬더가 가난한 사람들에 관해 이야기를 시작했을 때, 그는 목이 메어 더 이상 말을 잇지 못하였다. 눈 밑에 주머니처럼 축 늘어진 주름 속에 샘처럼 눈물이 고이더니 주름진 얼굴 위로 흘러내렸다. 다음 5분간 그는 말을 할 수 없었다. 그는 입을 실룩거렸고 우리는 그가 말을 시작하기를 바라고 있었다. 그가 말하고자 하는 것을 표현하기를 간절히 기다렸으나 결국 그는 아무 말도 하지 못했다. '아무것도 가지지 못한 사람들'과 그들의 절망적인 곤경에 대한 기억은 그로 하여금 오로지 하나의 반응, 즉 눈물을 흘리도록 했을 뿐이었다. 그 순간에 그의 표정처럼 '아무것도 가지지 못함'의 뜻을 나에게 확실하게 알려 준 것은 아무것도 없었다.

다른 사람들을 자신보다 덜 가치 있는 사람인 것처럼 다루어 온 자신의 고정 관념에 불편함을 느끼기 시작하면서, 배고픔과 억압, 평화 등의 세상 문제가 중대함을 느끼기 시작하면서 어떤 사람은 이렇게 질문할 것이다. "나 개인이 대체 무엇을 할 수 있단 말인가?" 다른 사람은 이와 같은 기본적인 질문을 할 수도 있다. "내가 더 많은 쾌락과 더 많은 안전과 같은 이기적인 욕구에 영향을 받으면서, 내 인생을 통제하지 못할지도 모른다는 두려움의 영향을 받고 살면서, 어떻게 평화와 정의 같은 일에 공헌할 수 있단 말인가?" 이 같은 질문을 조금 다르게 표현해 보자. "내가 완전히 정화될 때를 기다린 다음에 다른 사람에게 봉사하고 자비의 활동을 해야 하는 것인가?"

이에 대해 예수님은 이렇게 대답하신다. "너희는 내가 굶주렸을 때에 먹을 것을 주었고, 내가 목말랐을 때에 마실 것을 주었으며, 내가 나그네였을 때에 따뜻이 맞아들였다."(마태 25,35)

이 말씀에서 보면, 사랑을 실천하는 것이 큰일처럼 여겨지지 않는다. 그것은 다른 이에게 한 잔의 물, 웃음, 그리고 고통 중에 있는 사람에게 관심을 보이는 것을 뜻할 수 있다. 우리는 유엔에 가서 연설하거나 정상회담을 위해 모스크바로 갈 때까지 기다릴 필요가 없다. 우리가 가는 곳 어디에서든지 이웃집이나 버스 안에서 또는 가정 안에서 무엇인가를 필요로 하는 사람들이 있다.

예수님은 아주 먼 곳으로 가서 활동하기 전에 기적을 행하고 복음을 가르치라고 둘씩 짝지어 제자들을 보내셨다. 제자들은 성공을 감당할 준비가 제대로 되어 있지 않았다. 그들이 여행에서 돌아와 기쁨에 차서 이렇게 외쳤다. "주님, 주님의 이름 때문에 마귀들까지 저희에게 복종합니다."(루카 10,17)

그들은 예수님이 등을 두드려 주리라고 기대했다. 하지만 예수님은 그런 성공에 들뜨지 말라고, 누구든지 신성한 도움만 있으면 기적을 행할 수 있다며 "영들이 너희에게 복종하는 것을 기뻐하지 말고, 너희 이름이 하늘에 기록된 것을 기뻐하여라."(루카 10,20)라고 말씀하셨다. 곧 이렇게 말씀하시는 것이다. "너희는 하느님 왕국에 들어갈 운명을 지녔으며, 너희가 사랑하고, 그리고 내가 보내는 그 사람들에게 하늘나라의 가치를 전달할 운명을 지녔다."

봉사하려는 노력에 실패하는 것은 우리에게 어떻게 봉사해야 하는지를 가르친다. 그것은 온전히 신성한 영감에 의존하라는 것이다. 이것이야말로 세상을 바꾸게 하는 힘이다.

일상에서 살아 내는 종교적 삶

　　　　　일차적인 영성 수련은 일상생활 중에 자신의 투신에 충실하는 것이다. 고루한 반복, 실패, 어려움, 그리고 유혹들이 끝없이 일어나서 아무 진전도 없는 것처럼 보인다. 하느님께서 이스라엘 백성들에게 광야를 떠돌게 하신 것은 일상생활에서 하는 영적 여정의 거울이 된다.

　우리가 관상 기도 수련을 하지 않으면 일상생활에서 성서적 사막을 알아보기란 매우 어렵다. 복음의 관상적 차원에 투신하는 것이 성령께서 우리의 기도와 활동 안에서 우리를 이끌어 주심을 받아들이게 하는 초석이다. 영혼의 토양은 딱딱한 지반 같아서 정서적 잡초를 뽑아 버리기가 쉽지 않다. 은총의 자유로운 흐름을 막는 해로운 물질을 배출시키는 자연적인 능력을 육신에 재충전하기 위해서는 가장 깊은 육체적, 정신적 휴식이 필요하다.

관상 기도는 인간의 상황에 있는 그대로 접근하게 한다. 이것은 인간 조건의 결과를 치유하도록 되어 있다. 그 결과란 기본적으로 신성한 현존이 결핍되어 있다는 것이다. 누구나 이 병을 앓고 있다. 만일 우리가 심각한 병세를 가지고 고통받는다는 사실을 받아들이기만 한다면 영적 여정을 출발할 시점에 와 있는 것이다.

그 병세란 단순히 이런 것이다. 다시 말해 우리는 하느님과 친밀함을 경험도 못 한 채, 온전한 사색적 자아의식을 갖게 되었다는 것이다. 우리의 연약한 자아는 핵심적인 확신이 없기 때문에 인간적 약점을 버티어 주고, 우리가 하느님과 다른 사람들에게서 분리된 아픔을 방어해 주는 다른 방법들을 절망적으로 찾는다. 관상 기도는 이 질병을 고쳐 주는 신성한 치료법이다.

이집트의 안토니오는 관상 생활에 네 가지 기본 요소를 구성했다. 그것은 고독, 침묵, 단순성, 기도와 활동의 훈련이다. 수도원 생활은 영적 건강을 위한 이러한 네 가지 기본 요소의 수련을 지원한다.

관상 기도는 이러한 요소들을 캡슐에 넣어 하루에 두 번 복용하도록 한 것이다. 깊은 기도 기간은 이 캡슐과 같이 인간 조건의 정신적 독소를 치유하는 항생제로 작용한다. 관상 기도의 효과를 일상생활 속에 작용하게 하여 기도의 이익을 최대한으로 얻는 방법들이 있다. 다음은 이렇게 하기 위한 방법들을 제시한 것이다.

정서 프로그램을 무너뜨리기

인간 조건의 질병은 거짓 자아다. 그것이 충분히 좌절되었을 때에 다른 사람의 권리와 욕구는 물론 자신의 참된 선함까지도 짓밟으면서 자신의 아픔을 덜고 또 얻고 싶은 것을 가지려 든다. 거짓 자아를 무너뜨림으로써 우리는 단지 증세가 아닌, 질병 자체를 치유한다. 정서 프로그램은 행동이 반복되어 생긴다. 그리고 그것들은 하느님의 도움을 받으면서 반복되는 행동을 통해서 무너진다.

일상생활에서의 좋은 수련은 행복을 위한 주된 정서 프로그램을 의도적으로 무너뜨리는 것이다. 우리를 자주 혼란케 하는 정서를 알아내고 또 정서적인 흥분을 일으키는 사건이나 기억 등을 주의해 봄으로써 원인이 되는 프로그램을 알아볼 수 있다.

만일 우리가 무엇을 피하고 싶거나 무엇을 갖길 원하는 욕망을 고의적으로 떠나보내면, 이것은 우리가 습관적 정서 반응을 파헤치는 일을 선택하는 것이다. 이러한 수련은 죽은 가지를 잘라 버리는 것 같은 단순한 일이 아니라, 그 나무의 뿌리까지 바꾸려고 하는 것이다. 그 뿌리란 바로 우리의 행동 동기를 뜻한다.

우리가 적의를 품고 있으면 좌절의 근원이 되는 무의식의 가치 체계를 바꿀 때까지 자극하는 일이 있을 때마다 계속해서 화가 난다. 그 무의식적 가치는 좌절의 원인이 되는 것이며, 우리의 분노가 충실하게 기록해 둔 것이다. 우리가 결코 화내지 않겠다고 결심한다 해도 그 문제의 원인을 다루기 전에는 아무것도 바뀌지 않을 것이다. 그것이 관상 기도 극기의 핵심이다. 일단 문제의 뿌리가 치유되고 나면 행복을 위한 정서 프로그램의 좌절이 있어도, 그것이 의식적이건 무의식적이건 더 이상 고통스러운 감정을 일으키지 않는다.

이 수련을 요약하자면 다음과 같다. 만일 흥분하는 어떤 정서가 일상 중에 반복해서 다시 일어나는 것을 알아차리면 그것에 대해 분석하거나 반성하지 말고 그 정서가 무엇인지 알아내라. 그리고 그 정서를 일으킨 사건을 알아보라. 이러한 방법으로 좌절된 정서 프로그램을 추적해 낼 수 있다. 때로는 하나 이상의 프로그램이 관계되기도 한다. 그러고는 이렇게 말하라. "나는 통제하려는 욕망을 포기한다. 나는 인정과 애정에 대한 욕망을 포기한다. 나는 안전에 대한 욕망을 포기한다."

물론 이러한 수련이 거짓 자아를 단번에 무너뜨리지는 않는다. 그러나 쉬지 않고 행복을 위한 기본적인 프로그램을 떠나보내면서, 우리는 얼마나 자주 그것이 일어나고 그것이 우리의 반응, 판단, 행동에 영향을 미치는지 알아보게 된다. 그 결과 어떤 정서가 일어나면 즉시 그것을 떠나보내려는 깊은 동기를 갖게 된다.

정서가 일어나서 거기에 따른 어떤 습관적인 비평이 작동하기 전에 그 정서를 떠나보내는 것이 중요하다. 일단 비평이 시작되면 그것은 고통스러운 정서를 강화시킨다. 일단 정서의 주전자가 끓기 시작하면 우리는 그것이 식기까지 오래 기다려야 한다. 고통스러운 정서는 우리 몸에 화학 물질을 분비하게 하는데, 몇 시간이 걸려야만 간肝이 이 화학 물질을 청소할 수 있다.

우리에게 아동이나 친구처럼 누군가를 바로잡아 주어야 할 의무가 있다면, 정서가 가라앉았을 때 하는 것이 가장 좋다. 당장 해 주어야 하는 긴급한 경우가 아니고는, 흥분된 상태는 상황을 바꾸기에 좋은 때가 아니다. 이런 상태는 친구를 질타하거나 아동에게 소리쳐서 우리의 나쁜 습관을 강화할 뿐이다.

집단 충성을 초월하기

우리가 받았고 그것에 대해 깊은 충성을 느끼거나 특별한 연관이 있는 문화적 조건에 대하여 과잉 동일시하는 데서 벗어나는 것이 또 다른 수련이다. 이러한 성향이 기본적으로 좋은 것이기는 하지만 우리가 내적 자유로 나아가면서, 하느님은 자신의 결정과 행동에 더 많은 책임을 지라고 우리를 부르신다. 우리가 보듯이, 정신 자아적 의식의 특징은 자신의 정서 생활에 개인적으로 책임지는 것이며, 남에게 자신의 어려움을 핑계대지 않는 것이며, 어렸을 적에 무조건 받아들인 부모와 또래 집단의 가치를 재평가하는 것이다.

능동적 기도 문장

일상생활에서 하는 또 다른 수련은, 우리가 집중을 요하지 않는 활동을 하고 있을 때, 아홉 내지 열다섯 음절 정도의 능동적인 문장으로 기도하여 잠재의식 속에 이것을 넣는 것이다. 이 문장은 성경 말씀이거나 우리가 선택한 어떤 단어일 수 있다. 동방의 그리스도인들이 '예수 기도'라고 하는 특유한 영적 기도의 수련은 이 훈련의 한 표본이다. 《이름 없는 순례자》에서는 '예수 기도'를 매일매일 오래 되풀이하면 그것이 가슴속으로 들어가 혼자서 그 기도가 자연히 되풀이된다고 한다. 사막의 교부들은 시편의 구절들을 즐겨 사용했다. "주님, 저를 기꺼이 구하여 주소서. 주님, 어서 저를 도우소서."(시편 40,14) 혹은 "우리의 도우심은 주님 이름에 있으니 하늘과 땅을 만드신 분이시네."(시편 124,8) 등이다. 이 문장을 반복해서 잠재의식의 기억 속에 넣으려면 큰 결단과 많은 시간이 필요하다. 그러나 이것을 꼭 하려고 마음먹으면 시간은 있다. 대부분 사람들은 샤워한다든지, 접시를 닦는다든지, 차를 운전한다든지, 일하러 걸어간다든지, 버스나 전화를 기다리면서 하루에 두 시간 정도는 별생각 하지 않으면서 보낸다.

일단 잠재의식의 기억 속에 저장되면, 이 새로운 테이프는 이미 저장된 테이프를 지워 버리는 경향이 있다. 어느 정서 프로그램이 좌절될 때마다 아픈 정서는 그 사실을 즉시 녹음하고 이미 저장된 테이프에서는 적절한 비평이 나온다. "왜 이런 일이 나에게 일어나지? 왜 모든 사람이 나에게 잔혹하게 구는 거야! 나는 좋지 않아." 비평의 평균적인 길이와 비슷한 길이의 문장을 잠재의식의 기억 속에 넣어 두면 이것은 먼저 녹음된 것들을 지워서 흥분된 정서의 힘을 삭혀 준다. 이렇게 비평이 사라지면 정서적 소란이 쌓이는 일이 잘 일어나지 않는다. 이렇게 해서 우리 안에 중립 지대가 형성되고, 그 안에서 우리가 무엇을 할지 스스로 이성을 가지고 결정할 수 있게 된다.

다음 이야기는 능동적 기도 문장의 좋은 예를 보여 준다. 어떤 여인이 시골길을 운전하고 있었다. 그녀는 자전거를 탄 소년을 치지 않으려고 길 가운데로 가고 있었다. 그리고 그 뒤로 어느 남자가 운전하며 오고 있었는데 몹시 급해서 앞 차를 추월하길 원했다. 그는 자전거를 탄 소년을 보지 못했기 때문에 그 여자가 왜 가운데로만 가는지를 알지 못했다. 그는 '길 좀 비켜요!' 하는 뜻으로 계속 경적을 울려 댔다. 여자가 비켜 주지 않자 그에게 격분의 프로그램이 비평과 함께 일어났다. 그는 가속 페달을 있는 대로 밟고 그 여자 옆으로 확 지나가면서, 창문을 내리고 그 여자에게 속된 욕을 퍼부으며 여자 얼굴을 향해 침까지 뱉었다. 분노와 부끄러움, 상한 기분과 슬픈 마음이 한꺼번에 그녀에게 밀려왔다. 동시에 저장된 비평도 나오기 시작했다. "어쩌면 저렇게 잔인할 수 있을까? 왜 하느님은 이런 일이 일어나게 내버려 두실까? 남자들은 모두 짐승이야!"

이 여인이 억제력을 잃게 될 즈음에 그녀에게 능동적 기도 문장이 떠올랐다. "일치를 이루며 함께 사는 사람들은 얼마나 달고 기쁜가!" 그러자 새로운 테이프는 낡은 테이프를 지워 버렸다. 그리고 그 여자의 마음이 어느 한쪽으로 기울어지도록 프로그램되어 있지 않은 중립 지역으로 들어갔다. 그 비어 있는 공간 안으로 성령이 급히 들어와 말하였다. "그자를 사랑하라!" 평화의 파도가 그녀의 온몸으로 흘러들어 왔다. 그녀의 마음은 사랑과 기쁨과 다른 모든 성령의 열매로 가득 찼다. 그녀는 그 남자를 가슴속에서부터 용서하고 마치 장미 한 다발을 받은 기분으로 그 길을 계속 달려갔다.

이것은 관상 기도의 효과가 일상생활에 가져오는 모든 여러 가지 방법의 실용적인 목적을 특별한 방법으로 제시한 것이다. 그것들은 우리 안에 중립 지역 혹은 공간을 만들어 주어 그 안에서 우리가 할 일을 스스로 결정할 수 있게 한다. 그것이 진정한 자유다. 그 중립 지역은 상황에 따라 하느님께서 우리 안에서 우리를 통하여 모든 성령의 열매(즉 사랑, 기쁨, 평화, 인내, 호의, 선의, 성실, 온유, 절제)를 나타낼 수 있게 하신다.

자기 수용

일상생활에서 하는 다른 수련은 자신을 사랑으로 받아들이는 것을 개발하는 것이다. 메리지 엔카운터 그룹은 1960년대와 1970년대에, 이전에 감정을 경험하지 못했던 사람들이 그것을 경험할 수 있도록 가르침으로써 커다란 공헌을 했다. 만일 우리 존재의 어느 수준이 어릴 적에 손상을 입었다면 이 엔카운터 그룹이 제공하는 프로그램이 도움이 될 것이다. 그렇지만 만일 이 프로그램이 모든 문제를 치유할 수 있다고 생각하면 잘못이다.

1960년대와 1970년대에 이 그룹은 인종적으로 문화적으로 혹은 다른 이유로 억압해 온 감정들을 사람들에게 열어 보여 주었다. 사람들은 자신들의 정서를 억압에서 해방시켜 주는 경험이 너무 좋아 그 과정을 거의 신앙화했다. 하지만 한 수준을 치유하도록 만들어진 프로그램이 다른 모든 수준을 치유하지는 못한다. 다른 수준은 또 다른 치유 방법을 필요로 한다.

우리 자신에 대한 동정심은 매우 중요하다. 우리의 정서 프로그램은 4세나 5세, 늦어도 7세나 8세면 완전히 다 자리 잡힌다. 이는 우리 잘못이 아니다. 어렸을 때에 무분별한 대접을 받아서 손상이 클수록 우리의 보상 욕구도 커지며 정서 프로그램도 더욱 굳게 자리 잡을 가능성이 크다.

예를 들면 어려서 신체적으로 학대받은 사람은 약 80퍼센트가 자기 아이를 학대할 가능성이 크다. 이것은 아동의 구타뿐만 아니라 미국에서 7세 이하 아동의 사망 원인 중에 가장 크다. 온전한 치유를 받지 않으면 학대받은 사람들이 자신의 아이들을 그처럼 학대하는 일은 계속된다. 분노를 억압한 사람들은 가장 무력한 유아에게 그 분노를 더 쉽게 터뜨릴 것이다. 우리가 당한 것을 되돌리는 경향이 너무 강해서 우리의 문제를 누구에겐가 씌우게 되는데, 분노를 해소하기 위해 그 무기력한 유아를 희생시키는 것이다.

어떠한 손실로 고통을 받거나, 우리의 행동이 아동을 손상시켰다고 느끼거나 아주 중요한 관계가 깨진다는 경험을 하면 커다란 죄의식으로 괴로워할 것이다. 이때가 바로 "나는 이것을 모두 받아들입니다. 하느님의 도우심으로 이 경험을 통해 배우려고 합니다."라고 말할 때다. 자주 그렇듯이 우리가 그 손상을 고칠 만한 길이 없을 때, 우리는 하느님께 고통의 결과를 줄여 달라고 청해야 한다. 그러면 그 비극의 원인이었던 정서 프로그램을 무너뜨리는 일을 할 수 있다. 이것이 우리 삶에서 발생한 잘못을 바로잡는 최선의 길이다. 우리 자신 안에 변화를 가져오려고 노력하는 일은 다시 일어나지 않도록 하겠다고 보장하는 것과 같은 것이며 이것이 우리가 할 수 있는 유일한 보장이다.

때로 우리는 어떤 감정을 떠나보내기 위해 노력하기보다 그대로 감수할 필요가 있다. 죄의식, 외로움, 그 외로움과 함께 아마 지루함도 경험할 것이다. 만일 고통스러운 정서를 감수해야 한다면 그 정서가 무엇인지 알아내고 그것들을 느끼며, "그래, 나는 죄의식을 느낀다. 분노를 느낀다. 고통을 느낀다. 나는 그것을 받아들인다. 그것을 끌어안는다."라고 말하면서 받아들여 보자. 그러면 정서를 가라앉힐 수 있을 것이다.

우리가 이 고통스러운 정서를 끌어안을 때에 우리는 고통 그 자체를 끌어안는 것이 아니라 그 바닥에 계신 사랑의 하느님을 끌어안는 것이다. 이렇게 함으로써 은총이 흘러나와 아픔을 줄여 주기 시작한다. 고통을 끌어안는 것이 그것을 해결하는 가장 빠른 길이다. 때로 우리는 그것을 나눌 친구가 필요할 것이며 또 어떤 경우에는 약이나 심리 치료가 필요할 것이다. 모든 종류의 도움을 받을 수 있지만 급진적인 치유는 상황을 받아들이는 데서 온다. 그 이유는 거기에 어떤 모습으로든 하느님이 계시기 때문이다.

하느님은 언제나 거기에서 나올 길을 제공하신다. 우리가 조용히 앉으면 그것이 무엇인지를 더 잘 볼 수 있다. 그러나 우리가 그 고통에서 나오려고 감정을 발산하면, 우리는 시작한 곳으로 다시 돌아가고 만다. 그래서 우리는 빙글빙글 도는 것이다. 인간의 비참함 속에 악마는 살아 있다. 우리가 그 상황을 받아들이고 관련된 사람들을 용서하면 그 즉시 악마는 손을 든다. 악마와 그의 영향은 우리가 사랑하기를 거부하고 용서하려

들지 않을 때에 존재하고 더 커진다.

내심을 보호하기

관상 기도의 효과를 일상생활로 가져오는 다른 수련은 전통적으로 알려진 '내심의 보호'다. 이것은 어떤 정서적 혼란이든 그것이 일어나자마자, 그것에 관한 생각을 시작하기 전에 그것들을 떠나보내는 것이다. 이는 정서 프로그램을 무너뜨리는 것보다 더 복잡한 방법이다. 전 인생을 다루기 때문이다.

'내심의 보호'는 지향에 따라 우리 의지를 하느님의 뜻과 일치시킬 때에 오는 내적 평화의 감각에 그 기초를 둔다. 평화의 기초적인 감각이 혼란을 겪으면, 즉시 어떤 단순하고 적절한 행위를 함으로써 하느님의 뜻에 일치하겠다는 지향을 재확인한다. 이렇게 의지의 일치 속에 머물러 있겠다는 주의성은 비행기를 유도하는 전파와도 같다. 비행기가 항로에서 이탈하면 신호를 바꾸어 조종사가 비행기의 방향을 바꾸도록 하듯 말이다.

다음은 일상생활에서 우리를 항로 안에 머무르게 하는 세 가지 방법을 이야기하려 한다. 첫째는 혼란한 사고들이 떠오르자마자 그것을 하느님의 품에 던지거나 아니면 예수님께 선물로 드리는 것이다. 두 번째는 혼란스러운 생각이 올라옴을 알아차리면 지금 하는 일에 온 주의를 집중하는 것이다. 즉 지금 이 순간에 하는 활동에 주의를 집중하면서 그것을 생각하기를 거부하라는 것이다. 마지막으로 혼란한 생각들이 떠오를 때 아무엇도 하지 않고 있었으면 책을 집어 들거나, 하려고 계획했던 일로 돌아가 흥분하게 하는 그 상황에 대해 생각하기를 피해 보자. 그러면서 내적 혼란을 일으키거나 혼란을 강화시키는 비평의 시작을 피한다.

거룩한 독서

또 다른 수련은 '거룩한 독서'로서 사색적인 수준과 자발적 기도의 수준에서 하느님과 관계를 깊게 하기 위해 하느님의 말씀을 듣는 것이다. 매일 하는 '거룩한 독서'는 하느님 안에서 쉬는 관상 수련으로 이끌어 주고 관상 기도의 개념을 계속 제공하기 때문에 매우 중요하다. 사실상 교회의 교부들은 관상 기도를 전통적으로 거룩한 독서의 마지막 단계로 보았다. 관상은 가슴으로 하느님의 말씀을 읽고 묵상하는 데서 오는 자연적인 결과다. 다른 형태의 영적 독서도 여정에 대한 지식을 우리에게 주고 또 여정을 지속하려는 동기에 공헌한다.

이 외에도 여러 사람이 '소책자'를 가지고 다니는 것이 도움이 된다고 한다. 그들은 성경에서 자기들이 좋아하거나 도움이 되는 구절을 몇 줄씩 적는다. 버스를 기다리는 동안에 아무것도 하지 않고 주위를 무료하게 둘러보는 대신, 그들은 주머니나 지갑에서 '소책자'를 꺼내 몇 줄 읽는다. 우리는 평소에 자신이 세운 최선의 결심을 쉽게 잊어버린다. 그래서 우리 자신에게 상업 광고처럼 자꾸 되풀이하여 우리가 진정 무엇을 해야 하는지를 반복해서 알려 줘야 한다.

지원 단체에 참여

매주 활동하는 지원 단체는 어떤 형태의 관상 기도를 수련하여 일종의 전례처럼 침묵을 한데 모아 주고, 서로 간에 용기를 북돋아 준다. 이러한 단체는 우리가 어떤 이유로든지 기도를 빼먹는 경우에 기도에 항구하도록 우리의 결단을 새롭게 해 준다. 특히 침묵 속에서 기도를 나누면 믿음이 증가된다. 거기에 이 기도 그룹의 전통에서 전례를 관습적으로 하는 경우에는, 미사 공동체에 참여하여 성체를 받아 모셔야 한다.

맺음말

  이 책에서 기술한 것들은 수련의 방법들을 단지 여기저기 주워 모아서 관상의 효과를 일상생활에 가져다주려는 것이 아니고, 또 단 하나의 기도 방법과 기도에 정진하게 만들려는 개념적 배경도 아니다. 이 책에서 제안하는 것은 복음의 관상적 차원에 대한 투신이다. 우리가 어떠한 삶의 상태에 있든지 상관없이 이러한 투신은 우리의 존재와 모든 활동에 관계되는 것이다.

  여기에서 영적 여정에 온전히 순종하는 것이 요구된다. 일상생활의 부분을 메우는 정도의 훈련이 아니라 인생 전반에 영향을 미치고 우리 삶의 여러 가지 면에 침투하게 하는 것이다. 우리가 관상으로 가는 길로서 향심 기도의 과정으로 영적 여정의 길을 진지하게 시작하면, 그리스도에 대한 개인적인 응답과 전 인생에 영향을 미치는 역사를 시작한 것이다.

우리가 기도와 함께 이러한 수련을 하는 것은 그리스도의 "나를 따라오너라." 하신 초대에 전 인격석으로 응답하는 것이다.

평신도나 능동적으로 사목에 종사하는 사람들이 관상에 투신하는 것은 그리스도를 따르는 새로운 길이다. 순교의 시대가 끝날 무렵에 안토니오에게 수도원 생활의 비전을 일깨워 줌으로써 그리스도를 따르는 새로운 길을 알려 주신 성령께서, 이제는 이러한 사람들을 그들이 있는 곳에서 관상가가 되게 하고, 이기심의 제한된 세계를 초월하여 그들의 공동체에 봉사하게 하고, 가난, 배고픔, 억압, 폭력, 무엇보다 사랑을 거부하는 우리 시대의 온 지구 문제를 좋은 뜻을 가진 다른 사람들과 함께 짊어지라고 부르신다.

용어 해설

거짓 자아 false self
하느님의 모습이 아닌 자신의 모습으로 발전된 자아로서 어린 시기의 정서적 충격을 극복하기 위하여 발전시킨 자아상이다. 이 자아는 생존과 안전, 애정과 존중, 권력과 통제의 본능적 욕구의 만족에서 행복을 얻으려고 하며 문화적 혹은 집단 정체성에 자기 가치의 기초를 둔다.

관상 contemplation
관상 기도와 동의어.

관상 기도 contemplative prayer
그리스도와의 관계를 언어, 사고, 감정의 차원을 넘어서 일치하는 단계까지 발전시키는 것. 하느님을 기다리는 단순한 활동에서 성령의 은사가 점점 더 우세해 가는 과정이다.

관상적 삶 contemplative living
일상에서의 활동이 성령의 은사로 이루어지는 것을 말한다. 이것은 관상적 태도의 열매다.

궁극적 신비·궁극적 실재ultimate mystery·ultimate reality
무한한 잠재력과 활성화의 바탕으로써 신적 초월을 강조하는 용어다.

동의consent
사람이나 사물 혹은 어떤 행위를 받아들이는 것을 나타내는 의지의 활동이며, 지향의 표현이다.

무의식을 덜어 냄unloading the unconscious
어릴 적의 무의식적인 정서적 내용이 원시적 감정, 영상이나 비평의 밀물과 같이 자발적으로 발산되는 것이다. 이것은 관상 기도 중에나 기도 외 시간에도 일어난다.

변형하는 일치transforming union
하느님께서 생명과 사랑으로 현존하심에, 어떤 특정한 경험으로서가 아니라 전인적으로 늘 참여함을 뜻한다. 자신 안에, 그리고 존재하는 모든 것 안에 거룩한 실재가 현존함을 지각하게 되는 의식의 재구성이라 할 수 있다.

신비적 기도mystical prayer
이 책에서는 관상 기도와 동의어로 사용했다.

신성한 치료divine therapy
영적 여정을 어린 시절의 정서적 상처와 이것을 극복하려고 발전시킨 심리 기제들을 치료하는 형태로 비유한 모델.

신적 일치divine union
모든 기능이 하느님 안에 일치를 이루는 일회의 경험이나, 혹은 변형하는 일치라고 부르는 영구적 일치의 상태를 서술하는 용어('변형하는 일치' 참조).

신화적 회원 의식mythic membership consciousness
자신이 속한 사회 집단의 가치와 이념을 무비판적으로 받아들이는 것. 가족, 인종, 혹은 종교 집단에 과도하게 동일시하여 거기서 자신의 정체성과 자아 가치를 찾고 그 집단의 가치 체계에 동조한다. 계층적인 형태로 사회를 구분하는 것이 특징이다.

쓰라린 정서afflictive emotions
좋기는 하지만 얻기 어렵다고 생각한 것을 획득하는 데 실패하거나, 나쁜 것이지만 피하기 어렵다고 생각한 것을 피하는 데 실패해서 일어나는 자발적 감정들이다. 주로 분노, 두려움, 의욕 상실 등이다. 쓰라린 정서는 4세기 사막의 교부인 에바그리우스가 열거한 대죄를 포함하는데 이것들은 몇 가지 정서들이 복합된 것이다. 교만, 허영, 부러움(질투), 탐욕, 색욕, 분노, 무심 등이 있다.

영성spirituality
내적으로 하느님께 순종하면서 이를 자신의 모든 동기와 행동으로 확산시키는 믿음의 생활. 성령의 영감에 따라 기도하며 활동하는 생활, 헌신 행위의 수련, 의식, 전례, 혹은 특정한 신심 행위나 다른 사람을 위한 봉사를 넘어 자신의 모든 활동을 통합하고 합치시키며 조절하는 것을 촉진시켜 가는 성향을 뜻한다.

영적 감각 spiritual senses
초대 교회의 교부들이 공통적으로 쓰던 가르침. 관상 기도의 단계를 후각이나 촉각, 미각과 같은 외적 감각으로 비유하여 설명한다. 비교의 초점은 경험의 즉각성이다.

영적 주의성 spiritual attentiveness
순수한 믿음으로 하느님의 현존에 일반적으로 사랑의 주의를 주는 것. 분간되지 않는 일치의 감각이나 성삼위 중 한 위격에게 특별히 더 주의를 기울이기도 한다.

원죄 original sin
하느님과 일치하고 있다는 확신이나 경험 없이 인간이 온전한 사색적 자아의식을 갖게 되었다는 보편적인 경험을 기술하는 방법이다.

위안 consolations
영성 작가 사이에서는 일반적으로 거룩한 독서, 논리적 묵상, 기도, 전례, 그리고 선행과 같은 헌신 행위에 따르는 감각적 즐거움을 가리킨다. 이러한 위안은 감각적 자극, 상상, 기억, 사색 등에서 일어나기도 하며 또는 성령의 열매나 참행복과 같은 순수한 영적 원천에서 나오기도 한다.

인간 조건 human condition
원죄의 결과를 서술하는 하나의 방법. 원죄의 결과란 착각(우리가 추구하도록 되어 있는 행복을 어떻게 추구해야 하는지 모르는 것), 정욕(행복을 찾을 수 없는 곳에서 행복을 추구하는 것), 의지의 나약(행복을 찾을 수 있는 곳에서 행복을 추구하지 못하는 무능력, 즉 은총의 결핍)을 말한다.

일치적 의식 unitive consciousness
신적인 사랑이 자신의 모든 기능과 관계 안으로 들어오는 경험을 일구는 과정과 함께 변형하는 일치의 체험.

정신 자아적 의식 mental egoic consciousness
온전한 사색적 자아의식의 발달. 약 8세 때 논리적 추리 능력이 생기는 것으로 시작해서 12세나 13세에 추상적 사고에 도달한다. 이 의식은 자신의 태도나 행동에 대하여 개인적인 책임감과 죄악감을 갖는 것이 특징이다.

정화 purification
무의식에 저장된 성격의 어두운 면, 혼합된 동기, 일생 동안 가지고 온 정서적 아픔 등이 점차 소거되는 과정이며 변형하는 일치를 이루는 데 필요한 준비 과정이다.

직관적 의식 intuitive consciousness
추리적 사고를 넘어선 의식 수준으로써 경쟁보다는 조화, 협조, 용서, 타협으로 차이점을 해결하며, 다른 사람들과 하나라는 감각과 우주에의 소속감이 특징이다.

참자아 true self
모든 인간이 창조된 하느님의 모상이라, 우리가 가지는 독특성을 견지하면서 신성한 생명에 참여하는 자아.

타이포닉 의식 typhonic consciousness
다른 사물과 자신의 신체를 분별하는 의식 수준을 말한다. 그러나 이 수준에서는 부분과 전체, 상상 속의 이미지와 외부 현실을 구별하지 못한다.

파충류적 의식 reptilian consciousness
자연 속에 묻혀 본능적 욕구를 즉각 충족하면서 자아의식이 없는 수준의 의식이다.

행복을 위한 정서 프로그램 emotional programs for happiness
생존과 안전, 애정과 존중, 권력과 통제의 본능적 욕구를 동기의 중심으로 성장시키는 작용. 그 중심으로 우리의 사고, 감정, 행동이 끌려 들어간다.

향심 기도 centering prayer
마음의 기도, 단순성의 기도, 믿음의 기도를 현대화한 한 가지 형태의 기도. 이것은 관상 기도의 선물에 대한 방해를 줄이고, 성령의 영감에 반응하도록 하는 습관을 길러 주는 방법이다.

황홀 ecstasy
하느님의 개입으로 사고와 감정 등의 기능이 일시적으로 중단되는 상태다. 때로는 외적 감각도 포함되는데 이것은 온전한 일치의 기도의 경험을 촉진한다.